第2章

死ぬまでに必要なお金を準備しましょう

Check!

第3章

家族・友人との関係を見直しましょう

第4章

体と心によい習慣を身につけましょう

Check!

第5章

親と自分の老後のために準備しましょう

Check!

プロローグ

これからの人生、どう生きるか考えてみましょう

50代は、今後いったい自分は何をして生きていくのか、そもそも何のための人生かを立ち止まって考える絶好のチャンスです。「人生100年」の時代にはこうした「人生の棚おろし」が何回か必要になるかもしれませんね。あの世に旅立つまでの後半の戦略を練り、実り豊かな人生設計を立てましょう。

現在の仕事に満足していますか？　もっと別の自分があるはずだと感じることはないですか？　思い切って起業しますか？　健康の問題が出始めていませんか？

次の仕事、ボランティア、趣味にしろ、健康対策にしろ、**定年まで待っていては遅いのです**。今すぐ行動を起こしましょう。そのための自分の棚おろしにかかりましょう。「ああ、いい人生だった」と言って死ねるように。

この本ではみなさんにさまざまな問いかけをしていきます。答えを書きこむ専用ノートを用意してください。そこにあなた自身の答えを、さらに思いついたことも含めて書きとめておいてください。それがあなたのこれからの**羅針盤**になるのです。

余命5年と言われたら、あなたはどうしますか？

50歳は働き盛り、生きがいなど考える時間がないほどの忙しさかもしれません。でもいったん休暇を取り、ひとりになって、以下の問いかけをしてください。それが後で活きてきます。

①「余命はあと5年です。でもその期間は何でもできます」

こう言われたら何をしますか？

②「余命24時間」と医者から告知されたときの想いは？　何を一番後悔しますか？

③葬式のとき、友だちにどういう人だったと言われたいですか？

どんな生き方をした人間だと言われたいですか？　自分の弔辞を書いてみましょう。

これらは自分が本当にやりたいこと、あるいはなりたい自分に気づかせる問いかけで、実は、アメリカのファイナンシャルプランナーが、顧客の投資スタンスを知るためにこうした質問をするそうです。あなたの答えを書いてください。

余命5年と言われたら、あなたは何をしますか？

「配偶者と素晴らしい時を持つ」

「果たせなかった趣味に打ち込む」

そうですか。**それなら今すぐ始めてはどうでしょうか？**

死ぬまでにぜひともやっておきたいこと、それは「自分のノウハウを後輩に伝える」、といった仕事がらみのことかもしれません。あるいは人生修業、自分をよく知るといったことかもしれませんね。
元首相の細川護熙氏は、明らかに政治家以外の生きがいを見出し、世間からも文化人としての評価を願っているようです。彼が書いた「私の死亡記事」と題する文章を読んだことがあります。こんなふうに書き出していました。

「作陶、書、油絵などを幅広く手がけ、首相も務めたことのある細川護熙氏が先月20日、神奈川県湯河原町の自宅不東庵で老衰のため死去……」

（日本経済新聞2010年1月31日「私の履歴書」の最終回）

あなたにとっての生きがいとは何でしょう？

みなさんにとっての生きがいとはなんでしょう？　私は以下の3つに分類してみました。

①楽しいことをする（グルメ、旅行、趣味、スポーツ、家族団らん）
②能力発揮（自分の知識や経験、特技を生かす）
③社会に役立つ、自分なりの使命に挑戦する

生きがいは、もちろん右の①だけとか③だけというわけではなく、各自各様、また歳とともにその比率が変わってくる場合もあるでしょう。でも、あなたの望みが何であれ、たとえそれが趣味であれ、生きがいを持ち続けるには助走期間が必要です。ぜひ今から心がけてください。

①楽しいことをする（グルメ、旅行、趣味、スポーツ、家族団らん）

人生楽しまなければ……それにはおいしいものを食べることも含まれるでしょう。「どうせならもっとうまいものをたくさん食べておきたかった」と嘆いて死んでいく人も多いと聞いています。

女優の桃井かおりさんのお父上は、ずっと以前のことですが、「この年になったら、多くてあと××食しか食べられないから大切にしたい」と言っていました。きれいな服をまとう、素敵な異性や友だちと時間を過ごすのもこの範疇ですね。

長い休暇を取ってキャンピングカーで走り回る、定年になったらオーストラリアにロングステイしてゴルフ三昧、世界一周クルーズというゴージャス版だってあります。あなたならどんな楽しみ方をしますか？　今楽しめることもあれば、時間が自由になってからのこともあるでしょう。考えてみましょう。

何事も夫婦一緒にという場合もあれば、話し合いの上、夫は週末農業、妻は都会に残ってダンス、などというケースだってありです。

「高齢期における社会保障に関する意識調査」（平成24年）によると、老後の生きがいは教養・趣味を高めること、子どもや孫の成長、家族との団らんがあげられています。

それが十分な生きがいになるなら、**何もキツイ努力を強いられること、華々しいものである必要はありません。**

②能力発揮（自分の知識や経験、特技を生かす）

自分は楽しいことだけでは満足できない、能力発揮ができているときに生きがいを感じる、という人はリタイア後の人にも意外に多く、**自分の知識や経験、特技を生かしたいというのは、何か「人間の根源的な欲求」のように思えます。**

仕事をしている間は文句ばかりだったのが、いざ辞めてみると「仕事が能力発揮の場」であったことに気づくのです。

もちろん子育てしかりです。それを卒業してしまったとき、「子育てに代わる何か」がないと冴えなくなってしまいます。再就職、起業でもいいでしょうし、ボランティアだっていいのです。

能力発揮が生きがいの人は、自分の経験や特技が活かせる場がないと日々の輝きが失われていきます。これはリタイア後とて同じこと。

③社会に役立つ、自分なりの使命に挑戦する

いや自分には「自分なりの使命」があるのだ、それを追い求めることが自分の生きがいだという人にも時々会います。

105歳で亡くなった聖路加国際病院の日野原重明・前理事長は58歳のとき日航機よど

号ハイジャック事件で人質になり、恐怖の４日間を体験します。無事生還して、「神様から与えられた命、これからは世の中のために役立つ生き方を」と決意したと記しています。

私は、日野原先生提唱の「新老人の会」の世話人をさせていただいていたのでよくお目にかかる機会がありましたが、**使命感のある方は本当に強い**ですね。

使命感といっても、それは平和運動とか環境運動のようなものだけでなく、キャリアウーマンである娘を存分活躍させてやりたいので孫の面倒をみる、というのもまたそれなりの使命感です。人生修業もこの分野に入るかもしれませんね。

以前、世界的なバレリーナの森下洋子さんにお会いしたことがあります。１９４８年生まれでいまだに現役です。よく「あとどのくらい踊るのですか」と聞かれるそうですが、「自分としては一日一日、瞬間、瞬間を大切にして生きさせてもらえたらいいと思って、毎日踊り続けて魂を磨いています」とおっしゃっていたのに甚く感激したことを覚えています。

①②③のそれぞれが違う喜び、違う満足感を与えてくれます。重複している部分もあります。②と③を兼ねて、子どもの科学教室を始める場合なども考えられるでしょう。

ライフスタイルの変化とともに、今まで経験しなかった新しい分野の喜びを知るのはどうでしょうか？

最悪なのは、「これをしたって何になるのだろう」と醒めた見方をすること。

生きがいを見つけるために

ここまで生きがいについて考えてきましたが、そう言われても「何を生きがいにしたらよいのだろう？」と迷ってしまう方もいらっしゃるでしょう。

そういう方は、次の問いに答えてみてください。生きがいを見つけるヒントになると思います。

①あなたは何をしているときが一番楽しいですか？　**時間が経つのを忘れる**のはどんなことでしたか？　そのことについて何時間話していても飽きないテーマは？

②「やったぞ！」という感動を覚えたのはどんなときでしたか？

③他人が評価してくれたのはどんなことでしたか？
④他人によく頼まれることは？
⑤あなたが価値を置いていることは？

このほか、子ども時代にやってみたかったこと、親が興味を持っていたことなどもヒントになるかもしれません。専用ノートに書いてみてください。

私の場合は得意なこと、そして好きなことはプロジェクトに携わることのようです。「やったぞ！」という感動を持ったのは、一番初めの企業買収を成就させたとき、大きなプロジェクトを完成させたときでした。ですから、歳をとってからは仕事だけでなく、ボランティアや奉仕団体でプロジェクト遂行係になっています。

生きがいを感じることには各自の価値観が関係してきます。そして価値観に合ったことをしているときは時間が経つのを忘れます。また、**価値観に合ったお金の使い方をすると、お金が生きてきます。**

自分の価値観を知る

今後の生活を考える際、ここであらためて自分は何に価値を置くか調べてみましょう。以下のリストに0〜5の数字を入れてください。

［　］宇宙の目的や他人のために献身する
［　］健全で快適な生活や友情を楽しむ
［　］豊かな内面生活を深める
［　］高邁な理想や論拠に基づいて自らを律する
［　］共通の目的を持った集団に帰属する
［　］社会の良いものを理解して維持する
［　］問題の現実的な解決にいそしむ
［　］他人に対する同情・愛情を持つ
［　］事を成し遂げるために肉体的なエネルギーを使う
［　］肉感的な快楽や陽気さを楽しむ
［　］自然を介して楽しみや平安を得る

［　］人や物に依存せず自己認識を得る

（リタイア計画研究者ジョン・ネルソンによる「価値観リスト」より抜粋）

なお、ここには列挙されていませんが「美しいものに接して愛でる」ことを挙げる方もいるでしょう。

何に価値を置くかは人さまざまです。友だちづきあいを大切にする人、神様とのつきあいが一番重要な人、自然とのふれあいがないとダメな人、伝統文化の継承が大切と思う人、自分の内面を掘り下げることに何よりの価値を置く人……**自分の価値観に合った生き方に近づくことができれば、生きがいを感じ、力も出ますね。**

自分が何に価値を感じるかわかったら、それを行動に移すための行動計画をつくりましょう。次の第1章で考える、定年後の仕事やボランティアを選ぶ際の指針ともなります。

英語学者で評論家の渡部昇一さんは、皆本当にやりたいことが絶対あるのに「気づいていない」だけなのだから、「潜在意識に聞くといい」とアドバイスします。

その方法は、夜睡眠に入る直前のウツラウツラしているとき、あるいは朝まだボーッとしているときに、「何をしているときが楽しいだろう」と思い浮かべてみることだそうです（渡部昇一『95歳へ！——幸福な晩年を築く33の技術』飛鳥新社、63、64ページ）。

こうすると内なる声が聞こえてくるかもしれませんね。

「ああなりたい」というあこがれの人がいますか？

自分の価値観に合った生活をしている人、世の中のため、他人のために尽くしている人、太陽をさんさんと浴びた干草のようにあったかくて気持ちよい人、元気いっぱい新しいことにチャレンジし続ける人……あなたにはあこがれの人がいますか？

自分の価値観を知って、いざ行動となったとき、あこがれの人がいたら、その人に近づくにはどうすればいいか、どういう行動をとったらいいかとイメージすることで、動きやすくなります。

その人のどんな点を、あなたは高く評価しているのでしょうか？ そのような人になるために、今あなたは何をしたらいいと思いますか？ 書き出してください。

老いとどう向き合うか、考えておきましょう

今後どういう生活をするかを決める際、自分が歳を重ねていくことをどう受けとめるかで行動が異なってくるでしょう。

友人が死亡する、容貌の変化、自分の才能やキャリアの限界、体の不調、回復力の減退など、50代に入って老いを感じるとき、あなたはどう反応しますか？

「歳なんかには負けないぞ」と跳ね返すのか、「まあいいじゃないの」と受けとめるのか。大きく分けてこの2つの考えがあるように思います。

若いときは「老害はすべて排除」と言っていたのに、いざ自分がその歳になったら「年長者の知恵は尊重すべき」と宗旨変えをする人もいますから何とも言えませんが。

歴史上の人物でいえば、たとえばゲーテは加齢退治派の代表選手です。活動することをまったくやめるか、進んで自覚を持って新しい役割を引き受けるか、どちらかを選ぶほかないと言いつつ、自身はチャレンジをし続け、晩年までワイマールの宰相を務めるなど文

字通り死ぬまで現役でした。

ちなみに、ゲーテは74歳で19歳の娘に結婚を申し込み、83歳で亡くなるまでボケなかったようです。そういう非凡な人はさておき、意欲、欲望レベルだけ若者並みで、それに頭や体がついていけない場合はキツイに違いありません。

日本の伝統的な「老い」の受け止め方は加齢受容派、「年寄りは年寄りらしく」であり、「枯れたおだやかな年寄り」が尊ばれました。

吉田兼好などは「老いを自覚したら静かに過ごすべし、四十過ぎても恋に落ちるのは仕方がないとしても、わざわざ声に出して言うのは見苦しい」と『徒然草』で述べています。

老いにおける衰えや醜さを意識してのことでしょう。

「容貌を恥じる心もなくなって、やたらと世間の人々と交わりたがるようになる……ひたすら世間的な名誉や利益をむさぼる心だけが深くなっていき、もののあわれも感じとることができなくなってしまう。これは、まことに情けないことだ……」

歳とともに「取り繕い力」が衰え、性格の悪いところが出てくる、おこりっぽくなる、我慢ができなくなると言っていますが、兼好自身は70歳近くまで生きたのです。

昨今は、テレビ番組をみても90歳でマラソンをしているとか、アンチエイジングにいそしむとか、加齢退治派の台頭が著しいようです。

これに抗して評論家の小浜逸郎氏は、老いを受容して無理なくひっそり生きることを提案。「老人一般にふさわしい小さな席を残しておいてくれるように訴える方が効果的だ。そのためには、一人一人の高齢者が、引き際をよく心得つつ、自分の体力と知力の限界を自覚して、それぞれに片隅の席を慎み深くかつ狡猾に探し求めるのがよい。多くの高齢者はすでに、きっとそうしている」と、著書『死にたくないが、生きたくもない。』（幻冬舎新書）で力説しています。

加齢退治派・受容派どちらにせよ、「**首尾よく歳をとる**」ことには異論ないでしょう。見た目だけではなく、言葉の流暢さ、話題の新しさ、面白さ、動作のしなやかさ、目の輝きは失いたくないものです。そのためには、**多少は努力して能力の衰えに歯止めをかけ、自分なりに社会の役に立とうと心を引き締める必要があります。**それは70歳とて50歳とて同じです。

歳を重ねても楽しく生きる工夫

私は長年、「歳をとることをどうとらえたらいいか」考えてきました。なにせ20歳のころから、「ああ歳をとったものだ」と嘆息しては、「はて、どうしたものか」と自らに問い続けてきましたので。体や頭の衰えを感じても、どうやったら楽しく生きられるか。もうみなさん実行されていることかもしれませんが、私なりの工夫を紹介しましょう。

①新しいことを始める

若いころは気軽に新しいことが始められます。いろいろなことに食いついていきます。「そういえば、このごろ新しいことを始めていないよな……」と気づいたら、新しいことを始めるといいのではないでしょうか。

私はよく80代の方ともゴルフをしますが、「以前はあそこまで飛んだんですよ」と無念そうに言います。でも**これから新しいことを始めるならば、そこには進歩しかありません。**

故・日野原重明先生は90代のとき、生まれて初めてミュージカルの原稿を書き、俳句にもチャレンジ。１００歳になってフェイスブックを始め、何万人という人にメッセージを送るという具合で、亡くなるまでいつもイキイキしておられました。

知的障害児のための施設「しいのみ学園」の設立者である昇地三郎さんは、１０７歳で亡くなる少し前まで世界中で講演をしており、公共機関で世界一周した最高齢者としてギネスの認定を受けました。

何回かお会いしましたけれど、外国で講演するときは現地の言葉でするとのことで、そのため90歳を過ぎてから中国語、１００歳を過ぎてからロシア語、ポルトガル語、フランス語を始めた由。日記も、他人にわからないように外国語で書いたそうです。

私は先輩方のような素晴らしいことはできませんが、それでも常に新しいことを考え、実行するようにしています。安心ネットワークをつくったり、日めくりをつくったり、ゆくゆくはニューヨークでの出版を夢見ています。

②プロジェクトの達成より、その過程を楽しむ

私はもともと手早いのが自慢だったのですが、歳とともに料理をつくるのも何をするのもスローペースになり、間違いが多くなりました。メールで銀行の口座番号を間違って教

え、携帯番号まで書き間違えます。何度もやりました。わかっているのですが、つい手が別のことを書いてしまうのです。「鈴木さん」と言うつもりが口から出てきたのは「木村さん」でした。集中力が欠けてきたのでしょう。

そこで開き直ることにしました。プロジェクトの達成のためにはがんばりますが、他人の助けを借りたり、以前よりゆったりしたペースでやったりしています。そして仲がいい人、一緒にいて楽しい人と興味のあるプロジェクトのみをやることにしました。何よりも、**やっている時間を嬉しがる**ことにしました。

そうしたら、料理をつくるのも以前より楽しくなりました。おもてなしをする人のことを考えながらやるからです。間に合わなかったら、「ごめんなさいね、ちょっと手伝ってもらっていいかしら」と頼みます。それが無理なら「ちょっと先にワインでも飲んで待っていてね」と言います。

この「プロセスを楽しむ」ということは、もっと若い世代のみなさんも感じられていることかもしれませんね。

③日常の小さなことに感動する、喜ぶ

私たちが幸福を感じるのはどんなときでしょうか？　仕事で大きな商談をまとめたとき、難しいプロジェクトを完成させたとき、子どもが入試に受かったとき……もちろんそうでしょう。

でも、案外、「パートナーから優しい言葉をかけてもらった」「近所の電気屋さんに褒められた」「道端にドクダミの花がきれいに咲いていた」といった日常の小さなことが多いものです。そう考えると、**楽しいことはたくさんあるのに、見逃していたのだということに気づきます**。

ですから私は、「そよ風がいい香りだ」「このタンポポの色は素晴らしい！」など日常の小さなことに感動し喜べるように、練習しています。

あなたは五感をフルに使っていますか？　風の音、ペットの肌触り、食事も味だけでなく、色合いを愛で、匂いを楽しむと、また別の世界が開けます。

現代社会は頭でっかち、目からの情報があまりに優勢になり、触感や嗅覚を充分に使っていないのではないでしょうか？私はそうでした。**毎日「一つの新たな発見」を日記に書く**などもいいですね。

④自分のためより、ほかの人のため、社会のためを心がける

歳を重ねるとともに、「自分のため」より「他の人のため」「社会のため」を心がけたほうが楽しくなります。もちろん若い人とて同じですが、どうしても生活があり、子育てがあり、時間がありません。

私自身、少し余裕ができた段階で、「他人のため」を考えているほうが幸せを実感できることに、やっと気づきました。ボランティアをやっている人を見ても、当事者のほうが断然楽しげですよね。

「**人間は得ることで生計を立て、与えることで人生を築き上げる**」と言ったのはイギリスの名宰相チャーチルです。

⑤どんな自分になりたいかを考える

プロジェクト好きの私はいつも忙しく動き回っています。一つ仕上げると、また別のプロジェクトが来て、終わりというものがないのです。そこで考えました。

元気なうちは自分の夢の追求、地域の仕事、家族の世話などいろいろすることがあるで

しょう。でも、寝たきりになればできません。しかし、そんなときでも「どんな自分になりたいか」に焦点をあてたらどうでしょう。**人生修業は死ぬまでできる**のに気づきました。「歳をとることを修行する」が最大のプロジェクトと思ったらどうかなと考えています。

理想とする老後をイメージしましょう

私は講演をします。たとえば、日本各地で「ハッピーエイジング、心、体そしてお金」というテーマで話しました。聴衆は60代以上のシニアの方たちが多かったです。こういう話を、本当はより若い方にも聞いてほしいといつも思っていました。そのうち、企業が50代を対象に行う「生きがいセミナー」の講師を頼まれるようになりました。受講生の反応も加味してお話ししましょう。

私が『凛としたシニア——ああいい人生だったと思えるように』を出版したのは2008年です。それまで何年間も、「どんな人が楽しく長生きしているか」をテーマとして世界の情報を収集しました。
結果を以下のようにまとめてみました。ありふれていますよね。

〈楽しく長生きしている人の特徴〉

●健康度が高い
●プラス思考をしている
●感謝する心を持っている
●感動できる
●生きがいがある

でも、あなたはその習慣づけができていますか？　そういうシニアになるために、あなたは今何をしたらいいのでしょうか？
今こそ立ち止まって戦略を練る時期です。歳を重ねれば重ねるほど、イキイキ度、健康面で個人差が目立ってきます。同窓会にひさしぶりに行くと、ひしひしと感じます。

私は健康度と書きました。「健康度が高い」というのは、「自分は健康だ」と思っている人のことです。同じ糖尿病患者でもちゃんとコントロールして「なんでもないよ！　元気だよ」という人もいれば、棺桶に片足をつっこんだような人もいます。**健康には注意しつつも、「病気になっても元気！」という心根が大切です。**

プラス思考の人は7・5歳長生きするという研究発表があります。調査によってはもっと長生きするという数字も出ています。

坪田一男先生は、私の兄と一緒に抗加齢医学会の立ち上げに関与した、慶應義塾大学眼科の著名な教授です。『ごきげんな人は10年長生きできる』（文春新書）という本を出版しています。プラス思考は幸せ感につながります。幸せ感があると幸せホルモンの分泌が促され、それが脳を活性化するので認知症にもなりにくいのです。

簡単なプラス思考、積極思考のトレーニング法は238ページを参照してください。

加齢とともに、「衰えた」「仕事がなくなった」などと落ち込む状況は増えてくるかもしれません。その分、余計に積極思考が大切なのです。それでも「落ち込む」とき、「ウツになる」ときの対抗策は何でしょう。

作家の五木寛之さんは、ウツになったとき、「**寝る前に感謝すること**」を自分に課したと述べています。今から習慣づけましょう。毎日何回感謝することにしましょうか？

女性起業家の母といわれ、1969年にダイヤル・サービス（株）を設立した今野由梨さんは「感謝を毎日100回（！）にチャレンジ」していると聞きました。きっと150歳くらいまでお元気でしょうね。

加齢とともに、「もう何でも経験してしまった」「新しいことをするのは面倒だ」といった思いにかられるかもしれません。あなたはこのごろ感動することが少なくなったと感じていませんか？　感動をしなくなると、脳で短期の記憶をつかさどる海馬がサボり始めます。認知症の心配すら出てきます。

そうなってしまう前に、「ただ生きている」だけの面白くない生活に陥らないようにするには、**感動、新しい発見を心がける**ことです。感動のお手本は91歳まで感動し続けたピカソです。

「目標」がある人は何歳になってもイキイキしています

「どんな人が楽しく長生きしているか」に関する私の研究の結論は、「楽しく長生きするには目標を持つことが重要」ということでした。

マサチューセッツ総合病院の老人学研究所所長のマリリン・アルバート博士は、80歳以上の人1000人以上を対象とした何がシニアの知能を保ち続けるかの調査を行い、「人生に目的意識を持つ」ことを重要要素の一つにあげています。実際、職業にかかわりなく、実業家であろうと主婦であろうと、目的意識を持った人はそれが生命力につながるようでイキイキと見えます（R・ゴールドマン、R・クラッツ、L・バーガー『脳が老化する人、しない人』廣済堂出版、16ページ）。

健康な人だけでなく、末期ガン患者の施設であるホスピスの看護師長さんも、「目的意識がある方は、そうした厳しい状況でも質の高い生活を送られています」「そういう方向にもっていくのが私たちの役割だと思っています」、とテレビで語っていました。

働き盛りのみなさんは、歳をとったらのんびりしたい、ゆっくりマイペースでと思うかもしれませんね。でも今は長寿の時代。30年・40年とゆっくり、のんびりするのはかなり大変なことです。人生100年時代には「リタイアして、また働く、休んで、学んで、また働く」を繰り返すようになっていくのではないでしょうか？　確かに生涯趣味に生きる、のんびりする、そういう生活が合っている人もいます。また過酷に働き過ぎた人は数年の休暇が必要かもしれません。

でも、**長期にのんびりし過ぎると、伸びたゴムのようになり、どんどんしぼんでしまう人が目立ちます**。よそ目にもだらしなくなり、活気が失われ、話も面白くなくなります。というより、話さなくなります。

作家の浅田次郎さんは「人は歳をとったら悠々自適に遊ぶべきです」と言っていましたが、そういう本人は相変わらず作家活動を続けています。

古い話になりますが、私の義父・榊原仟は日本の心臓外科のパイオニア的存在で、多くの患者さんに接し、その中の一人に石坂泰三氏がいました。経団連の会長や東京オリンピック会長の大役を果たした後、80歳近くで心臓を患われ、義父のもとに来られたそうです。

幸い全快、退院となったとき、義父が石坂氏の秘書の方々に「今後は6カ月ごとの、あまり大きくもなく小さくもない目標を設定してください」と言ったことを最近になって知りました。けだし名言です。

目標は必要ですが、あまり大きなもの、必死に成就しなければならないようなものは高齢者には無理がかかるので、ほどほどが肝心です。みなさんはもっと若いので、長期の目標も立ててください。そして5年毎くらいには見直してください。

第1章

定年後の仕事やボランティアを準備しましょう

この章では自分のこれからの仕事やボランティア活動、つまり死ぬまでに自分が「やること」についてラフに考えてみましょう。

私自身、何回も仕事を変えました。自由業、サラリーマン、そして50代には小さな会社を立ち上げました。現在は資産運用の他、講演執筆などの自由業＋ボランティアで忙しくしています。次の章で老後の資金計画を立てます。定年後も年金以外の収入が必要ということになる方もいらっしゃるでしょう。**それを60歳あるいは65歳の定年時から考えたのでは遅いのです。**今から考えていかなければ難しいでしょう。

周りのシニアの人を見ていて、やはり仕事をしているほうがイキイキしていいな、と思うことはないでしょうか？　人によっては給料をもらわないボランティアベースの人もいますが、いずれにせよ何かに一生懸命取り組んでいる人たちからは張り合いが伝わってきます。

今後歳を重ねても、自分に合った生活を実現していくにはどうしたらいいか。今のうちから仕事を変えたほうがいいのか。起業するのか、社会に役立つ運動に従事するのか。あなたはどうしたいですか？

□ Check!

1 定年後の戦略を立てる

現役バリバリで一日「倍の時間があっても足りない」という人は、「少し休みたい、好きなことをしてのんびりしたい」という気持ちが強いかと思います。フル回転後には長い休みを取りたいですね。

転職する前、あるいは定年退職して一時期はのんびり、好きなことだけをして過ごす生活はお勧めです。でも、**長寿社会となった今、仮に平均寿命まで生きるとすると、何十年もただのんびりでは、よほど好きなことがないとかえってシンドイものです。**

定年まで現在の仕事にとどまる（関連会社も含め）にせよ、転職する、全く別のキャリアを始める、いずれにせよ、人生後半の仕事をどうするのか。どういう態度で臨み、何を成し遂げようとするのか。今からじっくり戦略を立てて臨みましょう。

起業だって可能です。以前に比べてローリスクで起業する道が出てきました。でも準備がいります。ボランティア活動しかりです。定年になったので「いきなり始める」というわけにはいきません。

たとえば、40歳代で若くしてリタイアするのがステータスなどと以前言われたアメリカでも、**最近の傾向は「生涯現役」**のようです。

金融危機や経済問題が多発しその影響が長引くことや、長寿になったぶん余裕資金が足りなくなるという事情もありますが、各種調査結果が発表され、「目的意識を持って活動を行っている人」のほうがイキイキとしているし、健康に長寿を享受できるという考えが浸透したことも要因でしょう。

人には何歳になっても「自分のノウハウや経験を活かしたい」「社会や人とつながっていたい」という気持ちがあるのです。逆に言うと、「毎日が日曜日」を20年以上毎日楽しめる気質の人はあまり多くないのかもしれません。

店を畳んだ私の友人も、「以前は寸暇を惜しんでお寺巡りをしたり、ハイキングに行ったりしたんだけど、いつでも行けると思うとついボーッとしちゃって」と言っています。63歳で開業医をリタイアした女医さんはどうしたわけか今まで楽しんでいたすべての趣味からもリタイアしてしまったそうです。

日本のシニアの働く意欲は高いようです（左ページ図）。特に、現在も仕事をしている60歳以上の男女に「何歳頃まで収入を伴う仕事をしたいですか」と聞いたアンケートでは、「65歳くらいまで13・5％、70歳くらい21・9％、75歳くらい11・4％、働けるうちはいつまでも42・0％」と、圧倒的多数が意欲を示しました。（内閣府「高齢者の日常生活に関する意識調査」平成26年）。

老後の積み立てが十分にない、年金だけでは暮らしていけないからという人が大多数という台所事情もあるでしょう。

北欧の一部は例外として、**世界中で年金が問題となっています**。これは、高齢化の進行、資金の棄損や積み立て不足などに由来しており、日本だけの問題ではなく世界中で関心事となっているのです。

世界の大部分の人は、歳をとっても働かなくてはならなくなりつつあります。多くの人が、年金支給開始年齢の引き上げ、額の減少、政府の財政破たんの可能性を心配しています。実際に金融危機に見舞われたところでは、より深刻です。

とはいえ、私の知人などを見ると、富裕層ほど熱心に老後まで働いているように思えるくらいです。それが生きがいだからでしょう。

日本のシニアの働く意欲

あなたは、何歳頃まで収入を伴う仕事をしたいですか

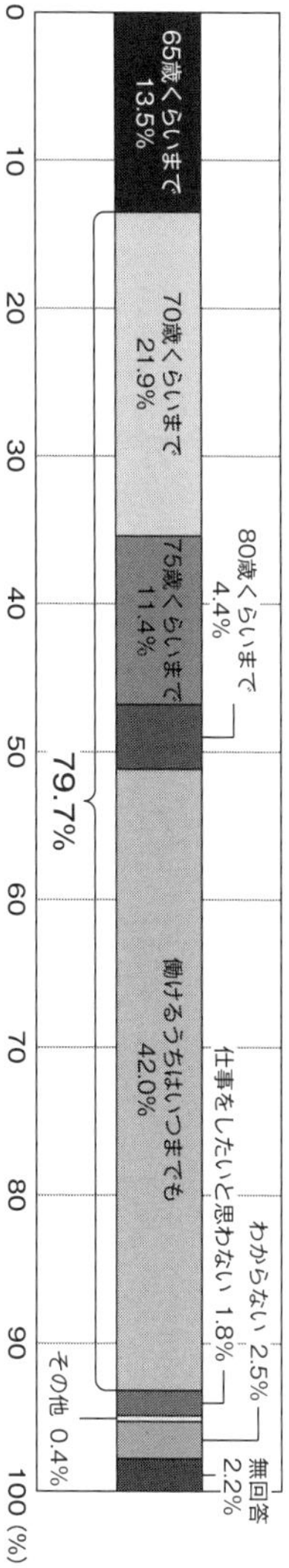

資料：内閣府「高齢者の日常生活に関する意識調査」（平成26年）
（注）調査対象は、全国60歳以上の男女。現在仕事をしている者のみの再集計。

□ Check!

2

これからどんな仕事をしたいのか考える

プロローグの冒頭で考えた結果を、もう一度思い出してください。**あなたは死ぬまでに何をしておきたいですか？** それを実現するためには、どんな仕事あるいはボランティアに就いたらいいのでしょうか？　それにはどんな勉強が必要ですか？　「夢年表」の実現に向けて一歩踏み出していますか？

大企業ですら終身雇用はあやしくなっています。今の仕事を辞めたらどうやって食べていくのか絶えず考え、求人欄を見たり、職業斡旋所に出かけたり、ヘッドハンターの人に会って客観的な自分の価値を知ったりしておく必要があります。

同時に**「明日から来なくてもいい」と言われたときの準備もしておきましょう。**そうした事態に備える意味からも、「自分は今から何をしたいのか」時間をかけて考え、腹をくっておくことをお勧めします。

50代になると役員にならない限り収入は下がります。厚労省の平成30年の調査によると、50〜54歳が賃金のピークで、男性平均では60〜64歳で約30％減です。65〜69歳で約40％下がるとされていますが、多くの場合55歳の役職定年で3割前後、さらに60〜65歳定年後に継続雇用となっても3割前後あるいはもっと大幅な低減、となかなかきびしいものがあります。

私は企業主催の「いきがいセミナー」の講師を務めてきましたが、40〜50代を対象としたセカンドライフに向けてのセミナーを行っている企業はたくさんあります。また地域還元活動や、ボランティア活動を含めた生きがいセミナーの情報は、東京都福祉保健局の「人生100年時代のライフシフトセミナー」や、NPO大阪府高齢者大学校などの活動が参考になります。

今から「70歳までフル現役」を前提とした場合、あなたには以下のようなチョイスがあります。まだ先が長いですから、選択するのは一つではないかもしれませんね。

①今の仕事を続ける（企業に勤めているのなら、一定年齢後は関連会社に転出する、契約社員になる場合も含めて）
②別の仕事に転職する
③起業する。個人事業主になる
④ボランティアや趣味の生活を送る
⑤学ぶ（大学・大学院・カルチャーセンターなど）

どれを選択するにしろ、成功させるための準備が必要です。いずれの場合も単に収入源としてのみではなく、新しいチャレンジとして自分がやりたいことをやる、他人や社会の役に立つという視点から見たらどうでしょう。

なんといっても自分の好きなことをやりたいですね。ところが子どものころから押さえ

自己理解の三要素

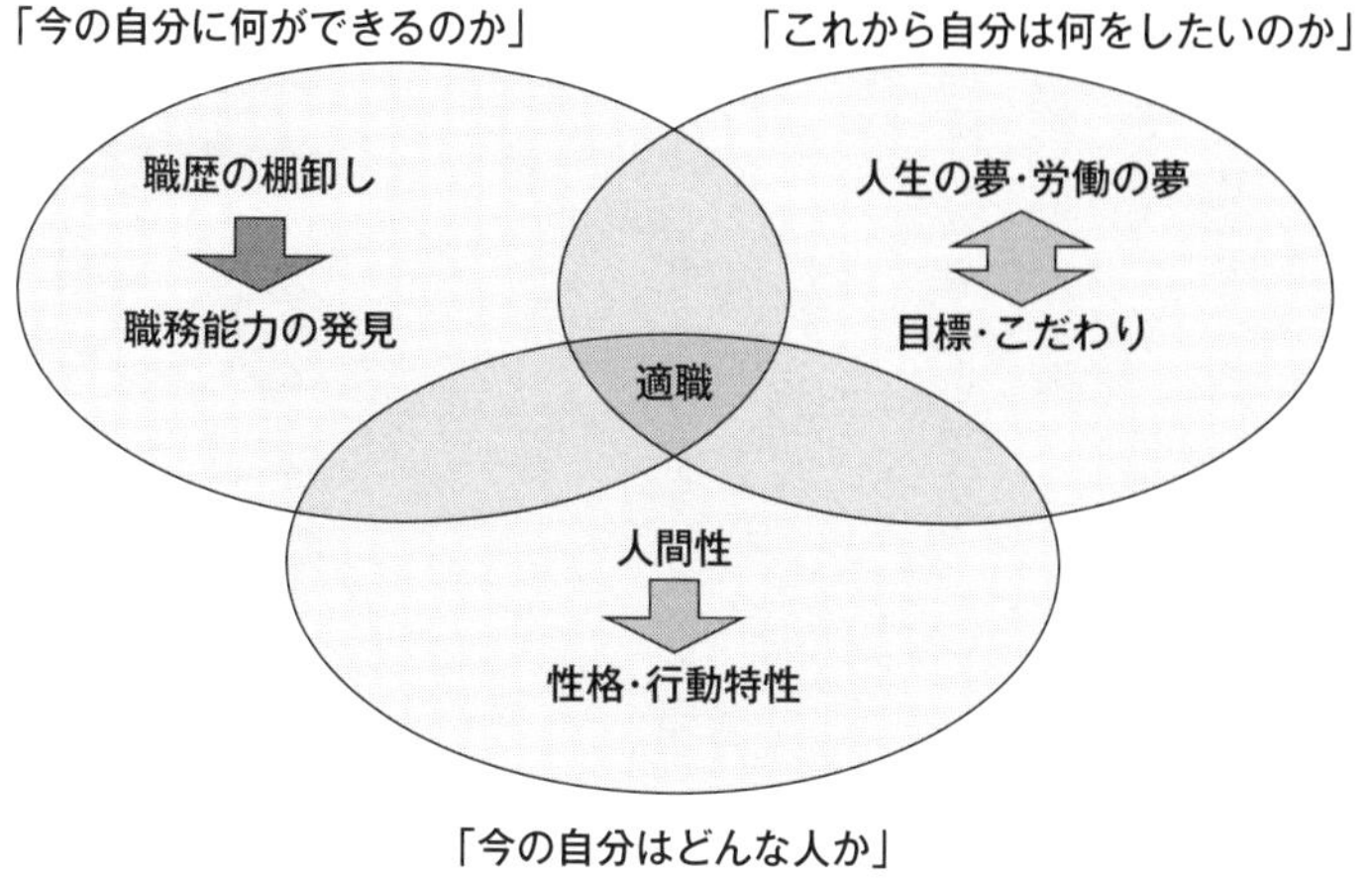

分析の〈キーワード〉
【能力・技術・知識・実績・姿勢】

つけられていて、もう「自分には一体何が好きなのかわからなくなってしまっている」ケースが、特にエリートコースを歩いた人に多いようです。そういう人でも、時にアッという気づきがあるようです。

次ページ上の図は福島正司氏の本、『中高年の就職テクニック――あるがままの自分で生き方・働き方を見つける』（東京図書出版会、23ページ）からの転載ですが、「自分は何をしたいのか」「何ができるのか」と「自分はどんな人か」の**3つの輪が交わったところが適職**です。

Check!

3

ローリスクの起業を検討する

起業を例にとりましょう。会社を起こすといっても一人オフィス、個人事業主というか、自由業に就く感じの場合もあれば、文字通り社員をどんどん抱えて大きく起業する場合もあるでしょう。

早い段階から起業を志す人もいれば、定年後起業する人もいます。リスクを嫌う人でも起業が可能になってきたように思います。また、**日本は必ずしも起業に不利な国というわけでもなさそうです**。日本はモノづくりに優れ、インフラが整っているからと、外国人の日本での起業事例が増えています。

ローリスクでできる理由

●ネットの普及でマイクロビジネスが容易になった（マーケティング、資金面双方で）
●社内ベンチャーの応募、新規事業部に入るなど、企業内で起業の準備ができる（資金面を含め）
●シニア起業のサポートをする会社や団体の存在（銀座セカンドライフなど）
●行政支援の拡充
●資本金1円でも株式会社設立可能
●シェアオフィス・宅急便などのサービスの整備
●AIを使ったビジネスの台頭
●地域限定のコミュニティ・ビジネスの可能性

55歳以上の起業事例が増え続けています。50代以上の起業が2018年には26%超となっています（日本政策金融公庫総合研究所「2018年度新規開業実態調査」より）。

起業する分野は自分の好きで得意な分野。医療・福祉、ネット、サービス業など多様です。定年後農業起業を志した知人も真っ黒になりイキイキと楽しげです。

インターネットがマーケティングや販売の手段として使えますので、趣味を起業化することや、「高崎だるま」のように地方限定版の商品を世界に売ることなど多くのことが可能になりました。ギフト専門のネットショップを開き、商品ガイドをし、アドバイスも提供する、あるいはモニター機能を付加するなど、付加価値をつけ差別化を図って成功しているシニア起業家もいます。

□ Check!

4 社内ベンチャー制度を活用する

大企業の場合は社内ベンチャーを募集しているところが多々あります。新規事業部に入って新しいビジネスを会社のお金で始めることもできます。

「ぱど」というフリーペーパーを立ち上げた倉橋泰氏を知っていますが、彼は機械メーカーである荏原製作所でフリーペーパーのアイデアを提案、多くの困難を乗り越えて事業化に成功しました。現在でも世界最大級のフリーペーパー会社であり（2002年にフリーペーパー発行部数世界一のギネス認定を受ける）、ジャスダックに上場しています。

介護現場に人材を派遣・紹介する「かい援隊本部」を立ち上げたのは、明治安田生命でセールスレディーのサポートを長年続けていた元執行役員。

株式会社スマイルズは、三菱商事株式会社の社内ベンチャーとして、遠山正道氏が2000年に設立した会社です。食べるスープをコンセプトにしたスープ専門店「Soup Stock Tokyo」を主軸としています。

リクルートマーケティングパートナーズの新規事業提案制度「Ring」により新しく展開した事業は数多く、2012年に立ち上げられたオンライン学習アプリ「受験サプリ（現：スタディサプリ）」は主に小中高生向けに、有名予備校講師が出演する授業動画を提供しています。

シニア起業をサポートするムードも高まっています。ときどきテレビで紹介される銀座セカンドライフは、起業の支援を行い、また起業を志す人の交流拠点ともなっています。

行政面からの支援を調べるには、信用保証協会、中小企業事業団、日本政策投資金融金庫、中小企業金融公庫、国民金融公庫などのウェブサイトを見るとよいでしょう。

株式会社の設立も1円から、一人取締役でもＯＫになりました。開業の形態としても株式会社のみならず、NPO、LLP、LLCなど多様な可能性があります。販路にしても、何も全国版を考える必要はなく、地域の小さなニーズに対応しての食料や雑貨の配達なら、それほど大きなリスクをとらずに地域住民のお役に立つことができます。小口投資家をネットで集めて資金調達を手助けしてくれる会社もあります。

☐ Check!

5 起業の手順を考える

あなた自身、起業を考えたことがありますか？ ビジネススクール出身者の中には、初めから起業プランを策定してそれに役立つ会社に就職する人がいますが、最初はそのような考えがなくとも、勤めているうちに「ぜひとも自分でやってみたい」ことが出てくるという場合もあるでしょう。

社内での先が見えてきたり、早期退職、定年退職がきっかけになったりする場合もあるでしょう。

開業を志す人対象の調査によると、起業に際してはサービス・製品のコンセプトづくり、ビジネスモデル構築、事業計画策定、資金準備、経営ノウハウ集積、人集めなど、具体的に考えることは多岐にわたりますが、そういう目で眺めていれば、**日々の勤務中に身につけられることは非常に多いはずです。**

あなたにもしやってみたいことがあるなら、まずはビジネスプランをつくってみてください。

シニア起業の動機でよく「仕事の経験・知識や資格を活かしたかったから」「社会の役に立つビジネスがしたかったから」などが挙げられます。シニア起業は技術（ノウハウ）、人脈、資金面では有利と思われますが、それはまたマイナス面ともなり得ます。

資金があるので初めから大きくスタートしてしまう（退職金をつぎこむ）、以前の人脈に頼りすぎたり、以前の役職時の態度が捨てきれなかったり（にじみ出る）、やったことがないことにも手を出すなどが指摘されており、シニア起業には失敗例も数多くあります。

いまは様々なツールがあるのですから、すべて自前でやるのではなく、ネット上で販売する、ネット上の紹介サービス会社を介して人材を募集するなど既存のサービスを利用することも考えましょう。
あなたの溢れる情熱が成功を呼びこむカギとなりますが、あくまで現実的に考えることが重要です。起業が順調にいくまでの移行期間には別の会社で顧問をさせてもらうとか、配偶者に働いてもらうなど、「歳を重ねたが故に可能なリスクヘッジ」もありますよね。

しかし**あなたが何歳であれ、やる気、体力があるなら歳をとり過ぎということはありません。**

カーネル・サンダースがケンタッキーフライドチキンを起業したのは65歳のときです。起業とはいえないかもしれませんが、伊能忠敬が家業である酒・醤油の醸造の事業を長男に譲って江戸に出、測量・天文観測を学び、実測による日本地図作成にかかったのが55歳。彼は73歳で亡くなるまでそれを続けたのです。

オペラ作曲家のヴェルディは、80歳になってから信じがたい力強さで人生の歓びを歌い上げるオペラを書いています。

「いつも失敗してきた。だからもう一度挑戦する必要があった」と語るのは葛飾北斎。富嶽三十六景を発表したのは72歳のときでした。

徳島県勝浦郡上勝町の「株式会社いろどり」の話は全国版で有名になりましたね。自然豊かな上勝町の木の葉や草花を、料理の「つまもの」として高級料亭におろすビジネスをスタートさせ、年間売上高は2億6000万円、200軒の農家が参加している事業です。平均年齢70歳と聞くと、私たちもがぜんやる気が出てきます。最近は若者の移住者も出てきた由。

□ Check!

6 社会起業を考える

社会起業とは世直しや自分の信念のため、社会に役立つことをビジネスにするもので、ノーベル賞を受賞したムハマド・ユヌスさんが始めた貧困層への小額融資を行うグラミン銀行におけるマイクロファイナンスなどが典型例です。

日本でいえば病児保育、ワンコイン健康診断、失業者の職業訓練を兼ねたレストラン経営、途上国の子どもへの給食援助などがこれにあたります。**事業活動を通して社会的課題の解決を目指す組織であり、収益をあげることで事業の継続性や運動の広がりが期待されます。**

形態は会社、ＮＰＯ法人などいろいろですが、経営が大変なところが多く、外部からの応援が助けになります。たとえば、社会起業する人にオフィスの一角を提供する企業があります。世界の大手会計事務所などです。

プロボノといって、弁護士事務所などでは無料で社会起業の相談にのってくれるところもあります。そうすることで若手弁護士たち自身のモラルが高まる、やる気が出るといわれています。

寄付やボランティア、ＮＰＯバンクの応援だって頼むこともできるかもしれませんね。

■社会起業を知るためにおすすめの本

●マイケル・Ｅ・ガーバー『はじめの一歩を踏み出そう――成功する人たちの起業術』（世界文化社）

●「ムハマド・ユヌス『貧困のない世界を創る　ソーシャル・ビジネスと新しい資本主義』（早川書房）

●駒崎弘樹『「社会を変える」お金の使い方』（英治出版）

●安田祐輔『暗闇でも走る』（講談社）

□ Check!

7

定年前の転職も検討する

ここまで起業について述べてきましたが、誰もが起業向きというわけではありません。長く働くためには今のうちに転職をしたほうがいいと判断する人もいるでしょう。

以前は、生涯同じ会社で働くのが「まっとう」な感じでしたが、現在は様変わりです。自分の市場性を絶えず高め、また多くの信頼できる知人のネットワークをつくっておきましょう。中高年の転職の斡旋は「知り合いから」が多いのが特徴です。

この際、自分の詳しい履歴書を書いてみましょう。各部や課でやったことを具体的に書きます。それを持ってヘッドハンターや再就職斡旋所に行ってみると、自分の現在の市場価値がわかります。さらに、今後どんなスキルを習得すれば転職に有利か聞き出しましょう。定年後の再就職の際にも役立ちます。

■中高年向け再就職紹介情報

ハローワーク（生涯現役支援窓口）

また大手人材派遣会社を中心として中高年（ミドル・シニア）に特化した転職サイトも増えています。

□ Check!

8 自己PR文や企画書で自分を売り込む

転職支援のエキスパートである佐々木一美氏は『驚異の「幸せ転職」術』（朝日新聞社）の前文で、「本当の自分を今までの経験の中に見つけようとしないで、ポジティブな、輝く未来のイメージの中に見つけてください。そうすることが、現実的な方法で幸せな転職を成功させる」という趣旨のアドバイスをしています。

さらに続けて佐々木氏は、「転職活動は自分を売り込む営業活動なのだから、ちょうど営業マンが商品を売るように一つでも多くの会社にアプローチし（1週間に20社のペース）、どう自分が企業に貢献できるか精一杯アピールすることが大切だ」とし、経歴書の書き方、経歴書と一緒に自己PR文を作成して応募書類に添付するなど、具体策を提示しています。

また、面接時にいろいろ質問してこの会社に自分は何が貢献できるか「企画書」を作成し後日送ることを勧めるなど、本書はアイデアに満ちたノウハウ本です。中高年が転職する際、今までの職種でないところに転職したほうが収入レベルを下げない確率が高い、というのが佐々木氏の経験に裏づけされた見方です。

再就職を希望する専業主婦はどうでしょうか。前職でやったことのみならず、父母会での役職、ボランティア運動、地域での活動、そして趣味など克明に書きます。○○専門学校修了とか、○○コンテスト入賞とか、客観的な判断材料がある書き方をすべきです。

ずっと仕事をしてきた女性でも定年後の仕事探しは男性以上に制約条件がつくことが多く、専業主婦の再就職と同じくらい難しいと聞きますが、なぜそうなのか納得いきません。

ともかく転職を目指すなら採用されなくてはなりません。**自分の「売り」を知って（つくって）、それにさらに磨きをかける必要があります。**深く転職候補企業の将来を見据え、その中で自分がどう具体的に貢献していけるかが見えてきましたか？　それをしっかり相手側に伝えることができれば、採用の確率はぐっと上がります。

□ Check!

9 何のために転職するかをはっきりさせる

堺屋太一さんは老後も働くのは**「収入」「好き」「見栄」の綱引き**だと言っていますが（『団塊世代「次」の仕事』講談社）、再就職の場合にもあてはまるのではないでしょうか。

ここでいう見栄というのは、世間体や家族への言いわけ、場合によってはステータスへのこだわりと言ってもいいかもしれませんね。このほか「安定性」も大事でしょう。

転職時の判断基準として、また転職で失敗しないためにも以下のことについて自分なりの考えを固めておきましょう。

①何のために転職するのか（何のために働くのか）

②収入はどのくらいほしいか

③自分にとってステータス、社内での地位、見栄はどのくらい大切か

④自分にとって安定性はどのくらい大切か

「定年後いきいきと働く人に取材していく中で、仕事について口々に出てきた言葉が、『恩返し』『社会貢献』『好きなこと』の三つであった」と経営コンサルタントの西山昭彦氏（『好きなことで70歳まで働こう！』PHP文庫、110ページ）。

ここに転職成功のカギがあるかもしれませんね。楽しく暮らすなら、転職に際しては「好き」が一番ではないかと思いますが、人さまざまですので……何とも言えません。

絶えず以前の職場のことを持ち出す人、中小企業風土になじめない人はなかなか難しいようです。

たとえば、海外で転職というのはどうでしょうか？　海外勤務の経験があれば、それほど抵抗感がないかもしれませんね。そういう希望があるなら、現在の会社にいる間に海外勤務を希望してみてはどうでしょう。たとえ家族が種々の事情で日本に残るとしても、チャットや動画通信（スカイプなど）で日本の家族や友人との交信もしやすくなっています。

グローバル化した世の中ですので、自分の才能を買ってくれるところが国内とは限りません。専門性の高い仕事をこなせる人材は、国内外の企業から注目されています。国を問わず需要があるのです。

■海外への転職の情報源
●海外への転職サイト「ワールドポスト」
●海外転職情報「JAC Recruitment」
●リクルート海外人材紹介「RGF」

□ Check!

10 再就職に向けてコーチングを受ける

再就職にあたって実際は自分が何を重視しているのかなど、**自分の希望や気持ちを自覚させてくれるのがコーチングです。**コーチングは自分の価値を再確認し、自信と意欲を保ち続けるのに役立ちます。

客観的に自分をとらえるために各種の**適性検査**を受ける方法もあります。適職まで出てくる検査もありますよ。

コーチを雇うお金がなくても、配偶者や友人の助けを借りて自分のことを第三者の目で見る試みをしてはどうでしょうか。ほとんどの人が、自分の強み、弱みを誤解していると聞きました。自分のことはなかなかわからないものですから。

□ Check!

11 中小企業への転職も選択肢に入れる

再雇用先が中小企業というのは問題でしょうか？

「今までは誰もが知っている企業だったのに、町工場に毛が生えたくらいのところなんて」

「給料も60％下がってしまう」

「与えられた仕事を超えて何でもやらなくてはならない」

「社員の質はバラバラ、体制も整備されていない」

……以上のようなことが気になりますか？

大企業のプライドにどっぷり浸かり、中小企業を下に見ている人はなかなかうまく適応できないかもしれませんね。自分の見方を変えていく必要があります。他人のために役立とうというスタンスにならないと……。

プラス面に注目してみましょう。大企業に比べて未整備な分、貢献できることが多いのではないでしょうか？　それが企業の躍進につながれば、やりがいは非常にあります。結果、会社が上場し、上場益を享受して大変リッチになった人だっています。

中小企業への転職に限りませんが、**肩書、収入、周りの人の見る目等々、前職と比較しないこと**です。後ろを振り返らないこと。**自分は新しい環境で何ができるか、会社にどう貢献できるか、どう楽しみや、やりがいを見つけられるかにメンタルシフトする**ことです。

銀行員から作家、そして一時日本振興銀行社長になった江上剛さんは、著書『会社を辞めるのは怖くない』（幻冬舎新書）の中で、「会社を辞める時には、ある程度、満足感を持って辞めたほうがいい。これは絶対条件です」と言っています。不満や恨みを残しながら辞めると、過去に引きずられてしまうのが理由です。

☐ Check!

12 非営利企業への転職も考える

経営学者のピーター・ドラッカーは「**21世紀の成長分野は非営利組織である**」と述べています。

転職先として非営利企業もオプションです。労働力人口に占める非営利セクター従事者の比率（フルタイム換算）を国際比較すると、（近年比較調査が行われていないため2003年と少し古い数字になりますが）日本は有給雇用者・ボランティアを合わせて4・2％であり、もっとも高いオランダ（14・4％）と比較すると著しく低い割合です。ちなみに米国は9・8％となっています。

しかし財政難の折、政府部門から非営利部門への、公的サービスの官から民間への移管のニーズは、特に地方で増えていくのではないでしょうか？　いろいろなスキルが求められていますが、特に会計・法務・総務関係の人材が必要とのことです。

ＮＰＯで働くことを「給料は安いが、仕事の内容は面白い」と評価する人も多く、一流企業のエリート社員が非営利の組織に飛び込み「こんな充実した想いは初めて」と本に記しています。

非営利企業を真剣に育成していくのが今後の社会の流れだと思いますので、その効率的な運営、創造的なファンドレイジングのやり方などにチャレンジをする人材が求められています。

■非営利企業についてのおすすめ本

●ニコラス・Ｐ・サリバン『グラミンフォンという奇跡』（英治出版）

●Ｐ・Ｆ・ドラッカー『非営利組織の経営』（ダイヤモンド社）

□ Check!

13 同じ会社で働き続けるなら自分を変える

仮に65歳の定年まで同じ会社に勤め続けることができたとしましょう。想定外のリスクは少ないかもしれません。でも苦労は覚悟しておいたほうがいいです。

収入の大幅減の他、若手から「粗大ごみ」扱いされる危険もあります。「過去の経験に固執している」「柔軟性に欠ける」「言うだけで行動が伴わない」などなど、手厳しい批判を受けるかもしれません。

今まで部下だった人が上司になる場合だって複雑です。身分的にも正社員から派遣となり、「差別されている」と感じることもあるでしょう。新しい気持ちでの努力が必要です。

どう気持ちを切り換えていったらいいでしょう。**「仕事自体を楽しむ」「役に立とうとす**

る」気持ちになれば自己肯定感にもつながると専門家はアドバイスします。

再雇用で働く場合も派遣社員となった場合も、「年下に対しても腰が低い人」が評価を呼ぶようです。また、「何かあったとき相談したくなる人」「意見を求められる人」「教えを請いたくなる人」が求められる像のようです。大企業の場合は出向経験があれば、こうした姿勢をある程度身につけることができるかもしれませんね。

Check!

14 将来の仕事の準備をしておく

起業組、転職組、継続雇用組、いずれの場合でも今できることは実に多いことにはもうお気づきですね。

①将来就きたい仕事の助けになることを経験する

自分の企業内にそのような部門があればそれを志願しましょう。新規事業部でも経験できることは多いはずです。あるいは、関連会社への出向で中小企業の事情を身近に知ることができます。

②人脈をつくる

40代の転職者の3人に1人がコネを使って職を得ています（厚生労働省「平成27年転職者実態調査」）。起業・転職のいずれにせよ、ネットワークづくりは大切です。

ネットワークには社内人脈と社外人脈があります。社内人脈に関しては、「あの人にならものを頼める、相談してみよう」といった信頼を得ることです。

起業において、また転職の場合も、「今までいた会社、その取引先」を受注先にしているケースがかなりあります。今のあなたの真面目な日常業務やつきあい方が生きてくるのです。

社外人脈を得るためには、勉強会などに気軽に出向きましょう。自分で主催するなどはさらにお勧めです。紹介してもらえる、相談できる、教えてもらえる人脈づくりには、自分もオファーできるものを持つことが正攻法です。

「**人脈に投資した人は食いっぱぐれがない**」と明言したのは三井の大番頭、日銀を経て大蔵大臣になった池田成彬氏です。個人資産などまったく蓄積していなかった池田氏のことを友人は心配します。対して彼は、「自分は人に貯金しているから大丈夫」と言ったそうです。「貯人」です。

今までに会った人、自分を評価してくれている人のリストを、この際つくっておきましょう。

家族人脈、一族人脈もお忘れなく。私の実家のほうでは約50人がメールのグループアドレスでつながっており、それが時には強大な威力を発揮しています。

③アイデアが湧き出るようにする

会社勤めの間に習慣づけをお勧めしたいのがアイデアノートです。続ければ発想力が強化されます。これは起業する場合のみならず、転職でも、会社に残る場合でも威力を発揮します。なにせアイデア、発想が競争力の源になる時代、提案型の人材が求められているのですから。

■アイデア発想のためのおすすめ本

●ロバート・サットン『なぜ、この人は次々と「いいアイデア」が出せるのか』(三笠書房)

●樋口健夫『アイデア発想が湧き出る本』（ダイヤモンド社）
●樋口健夫『1日15分アイデアマラソン発想法』（東洋経済新報社）
●樋口健夫『マラソンシステム』（日経BP社）

④勉強する、資格を取る

再就職や起業に備えて今のうちから資格を取っておくのもいいでしょう。中小企業診断士、社会保険労務士、税理士、宅地建物取引主任者などはどうでしょうか？　会社によっては社員の資格取得報奨金、授業料補助制度があります。

万が一窓際族になったら、喜びましょう！　時間ができます。会社の給料をもらいながら勉強ができるし、次のキャリアに必要な資格を取る勉強時間ができるというものです。

□ Check!

15 有償ボランティアをする

ボランティアは何歳でも、仕事があってもなくても、どんな境遇の人にでもできることです。そして、ぜひ実行してもらいたいことです。

認知症の人でもボランティアをすることが生きがいにつながり、症状が改善する場合があります。**ボランティア活動は「意味ある自分」を見出すことにつながる**のです。

高齢化の進行と財政問題の差し迫る日本。かつて政府が担ってきた福祉や文化事業の担い手として、民間と個人の貢献が期待されています。というよりは、市民のボランティア的関与がない限り、もはや乗り切れない状況にあると思います。

私はその解決策として有償ボランティアの全国普及を願っています。ボランティアとは善意から自発的に出る無償の奉仕だと思うかもしれません。善意なのにお金をもらうのはおかしいと反対をする人もいます（私自身は無償ボランティアをしていますし、それを否定するつもりは毛頭ありません）。

しかし子どものころからボランティア文化に慣れ親しんでいるアメリカなどの国はともかく、ボランティアの歴史の浅い日本では、廉価でも有償にしたほうがより多くの人の参加を得られるのではないかと私は思うようになりました。

ボランティアを依頼している人や統括している人からよく聞く発言があります。

「『ボランティアだからそこまでしたくない』『今日は体がつらいから休もう』などと手抜きをされたり、休まれたりするのが困る。迷惑な話だ」

また、サービスを受ける人の中にも「無料だと気兼ねしてしまって頼みにくい」という声があります。

ますます厳しくなる年金の足しにというシニアの声などを総合して考えると、**報酬を低めに設定した有償ボランティアのほうが日本では普及しやすい**のではないかと思います。

何がしかの謝礼がもらえれば、より多くの人が手をあげるのではないでしょうか？

もちろん有償といってもあくまで**ボランティア精神が基本**。それがないとうまくいきません。

報酬でなくポイント制のところもあります。介護などのボランティアをしたら相応のボランティアをしてもらう権利を得るところ、それがたとえば1ポイント200円に換算されるところ、商品と交換できるところなど様々です。

□ Check!

16 ボランティア精神を理解する

なぜボランティアをするのでしょうか。答えはいろいろでしょう。恵まれている者の責任、社会への恩返し、自分が幸せになるため、隣人愛、連帯意識、親戚や友人に頼まれたから、町内会・会社からの要請、外出する大義名分などなど。

日本のボランタリー運動研究家の興梠寛《こうろきひろし》氏の話を聞いて感銘を受けたことがあります。「世界のボランティア活動での今の流行り言葉はMake a difference（変化をつくり出そう）で、身の丈に合った努力で少しずつ社会を変えていこうとする姿勢」と述べました。また氏は、**「自分を必要としてくれる社会」「他者や社会から必要とされる自分」を見出すことで「意味のある自分」を見出すことがボランティアの真髄**だとも。ですから障害者も認知症の人も、ボランティアをしたほうがいいのです。

途上国では物質的な飢餓問題がありますが、豊かな先進国には精神的な飢餓の問題があり、こうした問題に私たちが能動的に何かをすることで、変化をつくり出し、意味のある自分を見出していくことになる、というのがその講演の趣旨と理解しました。

ボランティアに参加する人は、よく**「与えるより、より多く得た」**と言います。創造的活動への満足感、社会性・社交性の充足、人のやさしさや意外性の発見の感動、そして何より生きがいを感じる、社会に役立っていると実感できるなどがボランティアをやって得られることのようです。

企業人、特に肩書のある人が地域の活動に参加する場合、問題となるのが、全員同じ立場で力を合わせるというボランティア精神への無理解です。自分よりはるかにボランティア経験を積んだ若い女性を秘書のように使ったりしては、鼻つまみ者になってしまいます。

ボランティアのことをよく勉強してから参加しましょう。会社の肩書を忘れ、**誰もが対等な立場にいる**こと、ボランティアをさせていただいていることをくれぐれもお忘れなく。

□ Check!

17 ボランティアの経験を積む

ボランティアに参加して経験を積むことをお勧めします。ボランティアの間口も広げておきましょう。会社でやっているボランティア、地域のボランティア、学校でのボランティアをそれぞれ経験してみてはいかがでしょうか。

プロボノも盛んになりました。ともかく機会をみつけて参加してみましょう。セカンドライフの活動の中核となるものにめぐり合うかもしれません。

企業として、社員教育、人材育成、ＣＳＲの面からボランティア活動を推進する傾向も強まっています。特に東日本大震災では企業ぐるみの活動が見られました。

災害援助に取り組むだけでなく、普段は経験することのない「死」「過酷な環境」「究極の人間の姿」、その中で見せる「思いやり」などを経験すること自体が教育になったとする企業もあります。

給食サービスを請け負ったレストランチェーンの新入社員は、「(東日本大震災で)生き残った人の給食を担当することで接客の根本を知るようになった」と述べています。企業の社会貢献活動は社員の誇り、地域社会との連携という意味合いもあります。

大手企業ではボランティアとして社員を海外派遣するところがありますが、それが将来現地でのビジネスに結び付くこともありますし、なんといっても、自発性のあるグローバルリーダー人材育成になります。

私の米国の友人たちには、まったく金銭的に心配がなくなったラッキーな人でも、仕事と同じように真剣にボランティアや社会貢献活動に励んでいる人が多くいます。自分の知識や経験を生かして社会に貢献することが張りあいになっているからだと思います。

☐ Check!

18 生涯学び続ける

生涯現役で仕事やボランティアをし続けるとなると、当然ずっと学び続けなくてはなりません。

40〜50代の学習意欲が高まっているという新聞記事がありました。主に仕事や資格の取得のためでしょうが、ボランティアや趣味に活かすためもあるでしょう。もちろん、ビジネススクールに通い、起業につなげる人もいます。「人生100年時代」になるとそれこそ何回も大学やその他の「学びの場」に通うことになるでしょうか。

大学側も地域住民のためにプログラムを提供したり、施設の一般公開を始めたりするところが増えています。放送大学などはキャンパスを持ち、クラブ活動もあります。また、インターネット大学を含む遠隔学習もさかんになりました。私のカナダ在住の友人は日本のサイバー大学に入学、仕事との両立でフーフー言いながら勉強していました。

■生涯学習に関する情報源
●日本生涯現役推進協議会（生涯現役協）
●『社会人&学生のための大学・大学院選び2018年度版』（リクルートムック）

第1章のまとめ

- □定年後どうするか戦略を立てておく
- □どんな仕事あるいはボランティアがしたいのか考える
- □ローリスクの起業を検討する
- □社内ベンチャー制度を活用する
- □ビジネスプランをつくってみる
- □社会起業も視野に入れる
- □定年前に転職することも検討する
- □将来に役立つ技術、人脈、ノウハウを会社勤務の間に身につけ、自分の市場価値を高めておく
- □ボランティアの経験を積んでおく
- □仕事やボランティアのために学び続ける

第2章

死ぬまでに必要なお金を準備しましょう

生きがいは大切ですが、その実現にはお金の裏づけが必要です。

いろいろな国際比較調査を見ても、日本人の老後資金に対する不安感は非常に高くなっています。年金に対する不信感（存続性と年金額）、財政に対する心配、経済停滞や産業シフトから来る雇用や賃金に対する不安などが背景にあります。

また、ゆくゆくは現役世代二人で一人の高齢者を支えねばならないことが予想される中で、特に若者世代の不安・不満には大きいものがあります。就職氷河期の体験者は問題を先鋭にとらえていると思います。

こうした状況下、死ぬまでお金をもたせるにはどういう戦略を立てたらいいのか、どういう心構えでいたらいいのか、いざお金がなくなったらどうしたらいいのか。一緒に考えていきましょう。ここで習得したノウハウは両親のお金の問題へのヒントにもなるはずです。

Check!

19

現在の資産と負債を書き出す

今後の生活設計を立てるにはまず**現状把握**が必要です。「財産目録」作成は夫婦共同作業とします。**自分の資産と負債を書き出し、家族がわかるようにしておきます**（へそくりは弁護士の友人にでも伝えましょう）。

資産：現預金、株式・債券・投資信託、不動産、金など。
負債：ローン
不動産は売却を想定しての大まかな評価額で充分です。

純資産額（資産から負債を引く）はいくらありますか。
（章末に世代ごとの貯蓄・負債の平均額を添付してありますので参照してください）

☐ Check!

20 老後に必要な金額について考える

自分たちが平均寿命まで生きる場合の必要額の計算をしてみましょう。

男性の平均寿命81・25歳までは夫婦としての収支を、それ以降の約6年間（女性の平均寿命87・32歳まで）は一人になった場合の収支を計算します。あるいは「人生100年時代」を先取りしてもっと長い期間の試算もやってみた方がよいかもしれませんね。

およその必要資金を知るためにも、まず以下のことから調べ始めてください。

● **受け取る年金額**……日本年金機構のウェブサイトで。50歳以上なら年金事務所でも調べてくれます。

● **その他の予想される収入**（給料・利子・配当等など）
● **予想される支出**（ローン返済も含め）
● **現在の純資産額**
● **退職金の想定額**

基礎情報を入力してプランニングできるサイトがありますので参考にしてください。たとえば、日銀が事務局を務める金融広報中央委員会のウェブサイト「知るぽると」から「生活設計診断」と進みます。

自分の貯蓄額が充分かどうかは、モーニングスターのサイトから「金融電卓」を選択して調べます。

退職金額を想定するついでに、退職金を一括して受け取るか年金型で受け取るか、年金も何歳から受け取ったら有利か、税金を考慮した上で自分のベストシナリオを考えたいですね。これらの点も含め、ファイナンシャルプランナーや、この分野専門の会計事務所に一度相談して老後のキャッシュフローを検討してみてはどうでしょうか？　妻が一人になってし

お金は足りるか ― 必要資金額は？

収入（年金） － 支出 ＝ ＋ 足りている？ ／ － 足りない？

必要資金

＝（足りない分　×　年数）

＋【予備費】（大病、介護、車の買い替え、リフォーム、老人ホーム）

まった場合のことも含め将来のシミュレーションをしてもらうと、収支がマイナスになる時期やどんなケースにそうなるのかが見えてきて対応策を立てやすくなります。

海外勤務の経験がある人は海外からの年金がもらえるかチェックしましょう。

お金がもつかどうか、おおよそのイメージをつかむにはどうしたらいいでしょうか。

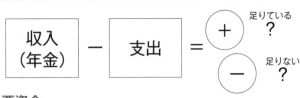

将来の支出はどのくらいに見積ったらいいか？65歳以後の生活費は現役時代の約7〜8割（総務省2018家計調査の年齢階級別平均支出で50－59歳に比べ65歳以上は約74％）とみなすのが現実的なようです。

収入から支出を引いて、それがプラスなら、あとは老人ホームや介護費用そしてリフォームのような予備費の心配をすればいいのですが、その場合でも老人施設、介護費（医療費）など、どのくらいの費用を見積もったらいいのか迷います。予想される費用はピンキリで、概算すらおぼつかないからです。

介護費については次項で考えてみましょう。

□ Check!

21 介護にいくらかかるか概算する

老後資金の目標額は掲げたほうがいいのですが、同時に、準備できる資金の中でどういう施設に入るか（在宅も含め）、どういう介護や医療なら受けられるのか調べ、自分はそれでOKかどうか考えておくことをお勧めします。そのほうが現実的です。

また、いざ資金が枯渇したときどこでどんな援助がもらえるかを知っておけば、よりおおらかに暮らしていけます。

介護というものは、お金さえあれば満足なサービスが受けられるというものではありません。世界有数の資産家が看護人に殺される、そんなケースだってありました。充分なサービスを買う資金がない場合でも、家族や友人、隣人に恵まれて心安らかな介護が受けられる人はいます。つまり**貯蓄は大切ですが、「貯人」も大切です**。そして「情報は力」です。今のうちからどのような救済システムがあるか、どこに行けば情報が得られるかを知っておくことです。情報があれば根拠のない不安に陥らずにすみます。

121ページのアーミッシュの人たちのライフスタイルからも、きっとよいヒントを得ることができると思います。老後の住まい情報は307ページを、介護は286ページを参照してください。

さらに、現在の皆保険制度が維持されるとすれば、自らが負担する介護費・医療費には上限があるので過度に心配する必要はありません。将来もそうであるかは保証の限りではありませんが、何らかの形で皆保険制度は維持されるでしょう。

介護にどれほどのお金がかかるかは不安になるものです。生命保険文化センターの2018年調査によると、「世帯主または配偶者の介護に必要と考える費用は平均2983万円」という高い数字が出ています。

一方、過去3年間に家族などが要介護になった約700人を調査した数字は異なります。

住宅改造など一時的な支出が平均69万円。介護費用は月平均7万8000円で、介護期間は平均54カ月半、単純計算すると総計494万円ということになります。こちらのほうが実態に近いのではないでしょうか（「平成30年度　生命保険に関する全国実態調査」生命保険文化センター）。

その数字に関しても、詳しく見ていくと在宅と施設の違いも明らかになります。在宅では月平均5万円、施設で月11万7000円という調査結果があります。ところが在宅にかかった費用も、もっとも多い区分をみると月1万円から2万5000円の区分になるそうです（『親が倒れた！　親の入院・介護ですぐやること・考えること・お金のこと　第2版』134ページ）。安心しましたか？

大切なのは老後の資金について夫婦が話し合うことです。女性は男性より6年長生きします。そして専業主婦の場合、夫の死亡によって収入は年金のみ、その上働き口も簡単に見つからないので、多くの人たちが不安感を抱えています。

具体的な数字を入れて夫婦で老後対策を練る、そういう話し合いの機会を持つこと自体が不安感払拭のためにも必要です。

□ Check!

22 老後に必要な金額は幾らか試算する

2000万円説

2019年6月3日付の金融庁審議会の報告書は数か所で老後資金について付言しています。「例えば〝夫65歳以上妻60歳以上の夫婦のみの無職の世帯〟では、毎月不足額の平均は約5万円（次ページの報告書内のデータによれば5万4500円）であり、まだ20〜30年の人生があるとすれば、不足額の総額は単純計算で1300万円〜2000万円になる」と書かれています（金融審議会「市場ワーキング・グループ」（第21回）厚生労働省）。

これは無職夫婦という前提ですので、収入があったり、退職金を含む貯蓄がある場合はそこから取り崩すということになるわけです。

【高齢夫婦無職世帯(夫65歳以上、妻60歳以上の夫婦のみの無職世帯)】

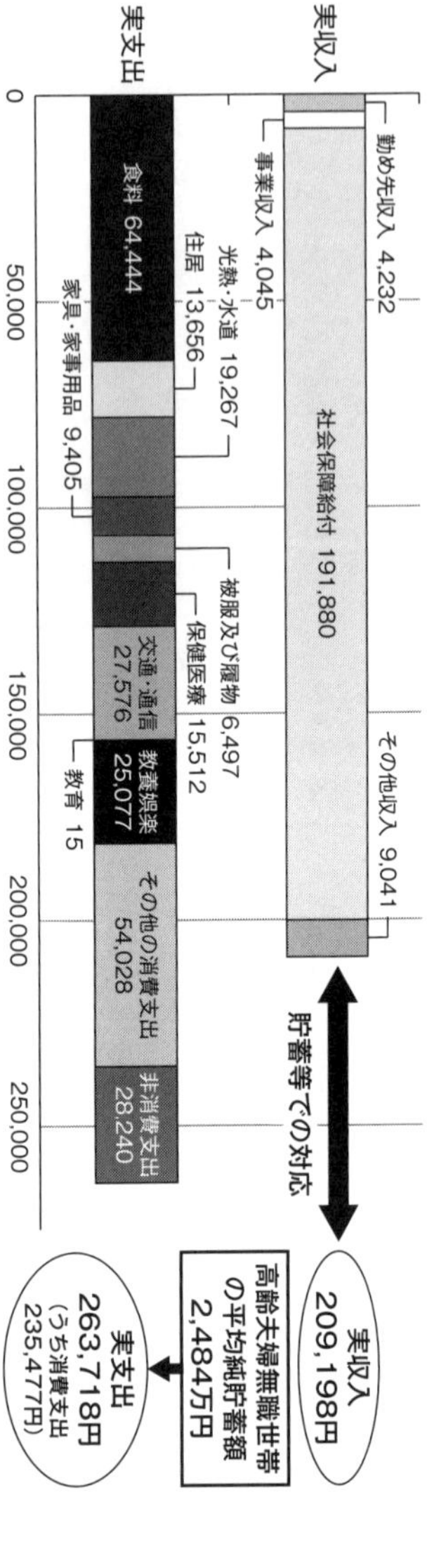

(出所)金融審議会「市場ワーキング・グループ」(第21回)厚生労働省

その意図は、公的年金以外で賄わなければいけない金額を推定し、老後への備え・資産形成を促すためと推察されます。

しかしこれがきっかけとなり「100年安心プランのはずじゃないか」、「年金は破たんしていないという政府の話はウソだ」と、マスコミも野党もこぞって騒ぎ出しました。そもそも100年安心プランは「年金だけで暮らせる」ことを約束した制度ではないのですが、選挙がらみの政治的な考慮があったのでしょうか、財務省はこの報告を受理しませんでした。

確かに自営業など退職金を受け取れない場合もあるでしょうし、貯蓄ゼロは50代で17%、60代で22%、70代で29%もいます。

また金融審議会のシナリオでは年金収入を19万円としていますが、国民年金だけの場合は別途収入がない限りさらに大きな赤字となります(国民年金は19年度の数字としては満額で月一人6万5000円)。

ただし65歳以上の約半数が実際には公的年金以外の収入ありと答えるなど(「老齢年金受給者実態調査」2017年度)、個々の状況はまちまちなのに「2000万円」のみが一人歩きしている感じがします。

3000万円説

ずっと以前からある説です。単純に年金だけでは月当たり10万円年足りないという前提で、年金生活を始めてから死ぬまでの期間を25年と想定し、月10万円×12か月＝3000万円必要という計算になります。この10万円の中には生活費、介護費、改築費などすべて入っている勘定です。

この3000万円を貯蓄から取り崩していくことになります。将来退職金が見込める場合はその予想額を差し引くことができます。

ゆとりのある老後には1億円必要？

前述の「知るぽると」では、老後のゆとりある生活水準として年間400万円を想定しています。それに残りの人生25年をかけると1億円になります。そこから予想される自分が受け取る年金、収入（金融収入も含め）、予想される退職金、の資産額を引いていくと、老後の備えの像が見えてきます。

ちなみに2019年度の年金支給額は国民年金は一人当たり（満額として）約6万5千円。厚生年金は夫婦二人分の国民年金を含む標準的な金額は約22万円です。

対応策

まずは備えです。この問題の提示後の報道をみても「自助努力で不足を補うべき」という調査結果が報道されており、それは若い年齢層ほど顕著のようです（日本経済新聞2019、7月1日）。

では具体的な対策はというと、113ページで詳しく述べますが、まずは収入を増やすこと。定年後に働く、配偶者も働く、副業を持つ、資産運用をするなどです。支出を少なくするには、国内でも物価の安いところに移る。あるいは海外で過ごすのが向いている方もいるでしょう。

□ Check!

23 一刻も早く貯蓄を始める

貯蓄はなるべく早くから始めること。次々と教育費やローンの支払いが重なり、歳とともに貯蓄がしづらくなるからです。特に派手な生活を多少とも知っている人たちは要注意です。

収入内で生活をする習慣をつけること（絶対必要な経費と勝手に決め込んでいるものはありませんか？　仕送りが多く貯蓄ができない場合は大学生の子どもにも働いて負担してもらっては？）。

老後資金として必要とされる額の蓄財は、いくら節約しても「とても無理！」と気持ちが萎えてしまうかもしれませんが、**資金は貯まり出すと勢いがついてきて**、知らない間に、以前は可能だとは思えなかったレベルにすら達したりするものです。

☐ Check!

24 天引き貯金をする

蓄財は天引き貯金がキーワードになります。給料から天引きするかたちで財形貯蓄や積み立て投資を行うと貯めやすいのです。iDeCo（イデコ）はやっていますか？　企業型確定拠出年金がある会社では、個人が上乗せできる「マッチング拠出」でさらに貯蓄額を増やすことができるのです。

「余ったら貯める」ではなかなか貯まりません。**給料から、まず収入の何パーセントを貯蓄するか決め、それをひたすら守ります。**個人年金保険に振り込むことで強制的に老後資金を貯めるのも一つの方法です（定額型と、投資をする変額型があります）。

決心が揺らぎそうになったら本多静六氏の『私の財産告白』（実業之日本社）を読んでください。彼は1866年に生まれ、日本の「林業の父」と呼ばれた大学教授です。

極貧の生まれでしたが、収入が得られるようになってからは、生活がいかに苦しくても4分の1を常に天引き貯金、臨時収入はすべて貯金に回し、それを運用して、なんと長者番付1位になります。しかも、定年時にそのほとんどを奨学金に寄付してしまったという逸話の持ち主です。

貯金の目的を明確にする

貯金をするのに、確かに節約の努力は必要になります。しかしその際は、節約そのものに着目するより、自分は将来そのお金で何をしたいのか、どんな生活をしたいのかを明確にし、「それを実現するために貯めよう！」と考えたほうが熱意が湧きます。

また、節約するだけでなく、収入の多様化の道についても考えてください。本業と両立する副業、夫婦で稼ぐなど。仕事については第1章を参考に。副業を認める企業が増えていることもまた時代の流れでしょう。**フリーランス**という「働き方」をを考えたことはありますか？

□ Check!

25 節税に有利な貯め方をする

貯蓄が節税につながるやり方をしたいですね。まずは確定拠出年金です。現役時代に積み立てて運用し、60歳以降に受け取るもので、拠出額全て、所得控除されます。確定拠出年金には主に掛け金を企業が拠出する「企業型」と個人が自ら積み立てる「個人型」があり、後者をｉＤｅＣｏ（イデコ）と呼びます。誰でも加入することができますし、新しい動きとして「企業型」にはいっている社員もイデコを併用しても不利にならない改正が行われるようです。これにより投資額も増え、投資対象も豊富になると期待されます（日本経済新聞、２０１９年7月29日）。

誰でも加入できる**個人型確定拠出年金**イデコの枠組みで指定された商品の中から自ら腕

をふるって運用しても、**運用中は投資信託の売買益や分配金などに税がかからず、給付を受け取るときも税務面で大いに有利**ですが、原則60歳までは引き出せません。

財形貯蓄という手もあります。自営の場合はイデコだけでなく、**小規模企業共済**などに加入すればリタイア時の退職金代わりになります。納付した掛け金は全額所得控除できます。国民年金の受取額を増やすため、**国民年金基金**に加入するという手もあります。

2014年1月からは**NISA（少額投資非課税制度）**が導入されました。年間120万円まで、5年間有効で最大600万円までの投資で得られた利益はすべて非課税になります。2018年1月からは**つみたてNISA**が導入されました。対象は専用の投資信託のみ。非課税枠は年40万円ですが、購入から20年非課税で最大800万円までです。ただしNISAとつみたてNISAは同じ年には併用できません。NISAは解約可能なので、イデコと組み合わせると資金のニーズに柔軟に対応することができます。

「老後への備え」は国民的課題ですので、それを促す税制面での後押しは今後とも期待できます。

イデコに関する情報は、確定拠出年金教育協会のサイト「iDeCoナビ」が便利です

（金融機関ごとの口座管理料や対象となる投資信託の品揃えが調べられる）。

□ Check!

26

家計簿をつける

家計簿をつけると無駄が見えてきます。たとえ2カ月でもつけてみると、自身の消費パターンが見えてきますし、自分の弱点がわかるので、それを直せば貯蓄がやりやすくなります。

世界の大富豪として名高いロックフェラー家ではお金の出し入れをちゃんと記帳することが家訓になっているそうです。石油王になった初代のジョン・ロックフェラー氏（1839〜1937）は16歳から働き始めていますが、洗濯代、家賃、教会への寄付など、すべてセントの単位まで正確に記帳していて、それが現在も大切に保管されています。

現在では**家計簿アプリ**の数も多く、レシートを読み取って月別項目別の家計簿を作ることができ、銀行口座やクレジットカード決済との連動も可能です。でも要は記録するだけでなく、あらかじめ自分が立てた予算と照合して、無駄を省き、自分が納得できるようなお金遣いに近づけていくことが大切です。

でも、本当の無駄って何でしょうか？　難しい問題ですね。

□ Check!

27 資産管理について勉強する

お金は貯めているだけでは増えません。**お金を使ってお金を生ませる工夫が必要です。**

これは世界の常識ですが、日本ではそうすることを罪悪視する人すらいます。

お金を生ませるためには資産（蓄財）のことを考える時間をつくる必要があります。同じ収入でも貯蓄額に大きな差が出るのは、浪費癖のあるなしと同時に、きちんと資産管理や投資に時間とエネルギーを注いでいるかにもかかっていることは調査結果からも明らかになっています。

定期的に時間をつくって勉強をしてください。今はグローバルな時代。日本基準ではない知識、世界での投資の常識を身につけてください。この面でのジャパンスタンダードは残念ながら世界基準ではありません。

現在は多くの投資信託は一万円、積立ならもっと少額で、ネット証券なら100円からポイントを使っても、買物のお釣りからでも購入できます。少額でも身銭を切ることで勉強にも身が入ります。でもくれぐれも生活資金は別途確保しておいてくださいね。

少額投資家向けのセミナーも、若い人向けのセミナーも盛んになり、投資クラブもあります。なかったら作ってください。海外の株式やETFの情報もネット証券などでかなり充実してきています。ヤフーファイナンスやモーニングスターのサイトも便利に使えます。

□ Check!

28

老後資金の守り方を学ぶ

老後資金を守るためのアドバイスを記しておきます。

●収入アップのため、リスク分散のためにも収入の多角化が必要です。配偶者が働いていなければ働く。サラリーだけでなく、家賃収入や金融収入が入るようにしましょう。

●「老後期間」を65歳からと考えること。60歳までに老後資金を準備し、住宅ローンがある人は返済を終えておきましょう。年金受給開始までの期間は働き続け、「収支トントン」で暮らし、老後資金に手をつけずにすむよう計画を立てると無理がありません。

●末子の独立後は老後資金の貯め時ですが、つい散財してしまいがち。子どもが独立したら不要になった生命保険を解約したり、車を手放すなど生活のダウンサイジングをすることも考えることです。**退職やダウンサイジングを「みじめ」とか「落ちぶれた」とイメージすることは有害です。**定年以降の生活イメージや老後資金の目標額を夫婦で共有しましょう。きっとよいシナリオが描けるはずです。

●退職金が出て一度に大金が入るとつい気が大きくなって、世界一周旅行だ、高級車だと思いがちですが、すぐに使ってしまわないこと。退職金を手にする前から将来シミュレーションに基づいて**「お楽しみ」予算額**を決めておくとよいです。

●**老後の姿を明確にイメージすると貯蓄しやすくなる**という調査結果があります。貯蓄できないのは、自分の老後のことを想定できない、したくない心がそうさせているのかもしれません。ケリー・マクゴニガル氏いわく。「経年人相画のソフトウエアを用いて3次元のアバターを制作し、将来の自分に出会った学生は、なんと2倍ものお金を退職金口座へ振り込んだ」とのこと（『スタンフォードの自分を変える教室』大和書房、264ページ）。

●住宅ローンの繰り上げ返済や借り換えを検討しましょう。

□ Check!

29

老後資金の不足に対策を立てる

老後資金に対する不安にどう対応していったらいいでしょうか？

不安の中には、自助努力である程度対応できることもありますが、年金額の低下、財政危機、超インフレの到来など、自分一人の力ではどうしようもないことがたくさんあります。日本の国際社会における相対的な地位の低下や長期にわたった景気の停滞、正規社員の減少などからくるマインドの冷え込みしかりです。漠然とした不安感が蔓延しているようです。

でも、年金などなかった昔だって、皆それなりに生活していたのです。過剰な心配で暗い生活を送るのはいかにももったいないことです。老後資金に2000万、3000万円など夢のまた夢という方でも、後述するアーミッシュ的なくシンプルライフ（121ページ）を心がけ、ネットワーク力、共同体力をつけることは始められるのではないでしょうか。

そして、将来どうしても足りなくなった場合の策を考えておくと気持ちが楽になります。でも自助努力はくれぐれもお忘れなく。

種々の調査結果から浮き彫りにされる老後資金に対する不安はどんなものでしょうか？

――多くの人が「公的資金のみでは生活できない」と考え、かつ「公的資金はあてにならない」としています。極端な場合は「医療や年金などの社会保障制度が10年以内に破たんする」と明言する人もいます。

極端派は別としても、年金の額が下がる、退職金を出す企業が減っている、転職を重ねたから退職金はあまり期待できない。就職氷河期で職になかなかつけなかったら無年金になってしまうかもしれないなどの不安を抱える人は多くいます。老後や将来の年金に対する不安は。先進国に共通しているのではないかと思います。「自分たちの老後の生活は親世代のレベルより劣る」と多くの人が言っているようです。

ではこれらの不安への対策案はあるのでしょうか？

対策1　資金内で可能なシナリオを考える

貯蓄を増やしていくことはもちろんですが、同時に自分で用意できる老後資金の範囲内での算段を考えましょう。老後に住む場所、介護の受け方を研究しましょう。物価の安い海外を利用する人もいます。

対策2　じぶん年金を充実させる・保険を使う

イデコなどでじぶん年金を充実させるとともに、自分がいったい何に一番不安を感じているかを明確にして、それをカバーする保険に入るといいでしょう。年金保険は、途中解約すると払い込んだ保険料を割ってしまうリスクがありますが、なかなか天引きで貯金できない人にはいいでしょう。

■情報源
●「金融庁　保険」と検索

●価格ドットコム（保険比較）
●知るぽると（金融広報中央委員会）「保険・共済――金融商品なんでも百科」

対策3　資産運用の勉強をする

資産はあってもそれをどうしたらいいか、いったいどこにアドバイスを求めたらいいか自信がない人は不安にかられます。日本より金融教育が行き届いている米国でも、資産運用がまったくわからない女性の中には、何億円という資産があるのに、ホームレスになってしまうのではないかと心配する人がいるそうで、米国ではホームレス症候群という言葉があると聞きました。

ともかく資産運用の勉強を始めることです。昨今はロボットアドバイザーすらいます。まずは少額から始めてください。

今後は**グローバルな視野での知識も必要**となります。きちんと勉強していなければ、よいアドバイスかどうか判断さえできません。知識を身につければ「自分年金」を組成していく際にも大いに助けになります。

ネットでも学べますが、視野を広げるために勉強会のようなものでともに学ぶことができたらいいですね。

□ Check!

30 シンプルライフを心がける

アーミッシュは米国のペンシルバニア、オハイオ州を中心に居住し、いまだに電気やガソリンを使用せず、文字通り聖書の教える通りの素朴な暮らしを実践していることで有名です。アーミッシュの共同体生活を調べると、老後の不安感に対する一つの答えのヒントがそこにあるように思えます。

彼らは産児制限をしないので子だくさん。7〜8人の子どもがおり、いとこは75人から80人にもなり、皆近くに住んでいます。ですから、いざというときは強力な助っ人軍団となるのです。この親密なネットワークが社会保障の役割を果たしています。

職業的にも農家、修理屋、雑貨屋、非熟練工など、決して高収入というわけではありません。たくさんの子どもを養わなければならないのに「借入はなく、支払が滞ることもなく、しかも驚くほどの額の貯蓄をしている上得意」と、アーミッシュ村近くの銀行家が証言しています。

『Money Secrets of the Amish（アーミッシュのお金の秘密）』（未邦訳）の著者ロリリー・クレイカー氏は、不況期にアーミッシュがなぜ繁栄しているのか疑問を感じ、足しげく通いインタビューを始めます。そして、彼らの何世代にもわたり受け継がれている「お金習慣」にそのカギがあることを知るのです。

「アーミッシュは物を買わない。できるだけ自分で作るか、他の物で代用する。あるいは物々交換する。買ったものは最後まで使い切る。また、虚飾を嫌い『清貧』を旨とするから他の人の目を気にして買うようなことはまずない」とクレイカー氏は述べています。

プレゼントももちろん手作り、時にリサイクルショップを利用、そもそも、クリスマスプレゼントだってクジ引きで当たった子どもだけがもらえたりするそうです。なにせ子だくさんですから。

このような生活が「貧しい生活」かといえば、自分の畑から採りたてのものを隣人たちと分け合い、会話を楽しみながら時間をかけて食べるのですから、お金をかけない王侯貴族の食生活ともいえます。実際この本の副題は「シンプルさ、分かち合い、貯蓄にみる真の豊かさ」です。

「安心」がなかなか感じられない現代人にとって、アーミッシュライフは新たなライフスタイルの提言になるように思えるのです。**分かち合い、助け合い、そして人とつながっていることが、不安感の克服に役立つこと請け合いです。**

何よりの不安克服法ではないでしょうか？

□ Check!

31 お金が不足したときの手段を知っておく

保険

健康保険や民間保険からの受給権に関してはあらかじめ確認しておきましょう。たとえば、傷病手当（最大1年半にわたり標準報酬日額の3分の2が傷病手当として給付される。国民健康保険以外）というのもあります。今までの掛け金を担保に借り入れることもできます。

保険の世界は非常に奥が深く、保険会社の人の知識は必ずしも万全ではありませんし、個々の顧客の状況を把握していない場合が多いと思います。保険上の請求権があるかどうかは自分で把握しておきましょう。資産防衛のためにも保険の世界にアタックしてください。

資産を取り崩す

家にお金がなくなれば、もちろん支出をさらに切り詰めることです。資産があればそれを取り崩すことです。ところが多くの日本人は資産の取り崩しに大きな抵抗感を持っています。

それでは、リバースモーゲージはどうでしょうか？　リバースモーゲージは住宅（土地）を担保に融資枠を設けたり、年金の支給を受ける制度です。現在では多くの金融機関が提供しています。

ただ、それぞれで要件が異なり、物件の価値、名義に対する縛り（原則共同名義不可など）、マンション不可など条件がある場合がありますので、利用にあたっては個別の問い合わせが必要です。借入金に対しては金利がかかります。

「不動産担保型生活資金」は国が実施している同様の制度です。窓口は社会福祉協議会です。

自宅を貸す

自宅を貸して、より小さな家を借りることで資金をつくることもできます。一般社団法人移住・住みかえ支援機構（ＪＴＩ）は、自宅を所有する50歳以上の人に対し、自宅を貸してより小さいところに住み替えることで資金を生み出す手伝いをしてくれます。

賃料は低めですが貸家が空き家になってもある程度の家賃保証はされます。賃料収入を担保にしたローン（用途に制限あり）が利用可能です。

政府の救済措置

独立行政法人福祉医療機構からは、年金を担保に融資を受けることができます（令和4年3月末までですが、その後は代替措置にとって代わられるので自立相談支援機関に相談のこと）。年金を担保に借り入れをするのはあくまで本当に最後の手段です。金利の支払いがあるのでフルに年金がもらえず、生活に支障が出てくるからです。そこにつけこんだ偽装質屋詐欺などの犠牲になるケースが発生しています。

その他、社会福祉協議会が窓口となり低所得者、高齢者、障害者向けに行っている「生活福祉資金貸付制度」などもあります。

将来的には、バングラデシュのユヌスさんが始めたグラミン銀行のようなマイクロファイナンス制度も有効なのではないでしょうか。

でもとりあえずは身近なことから。世帯区分により親を非課税世帯にするなどチェックされていますか？　そして**生活保護**を申請するというオプションも残されていることをお忘れなく。

□ Check!

32 お金をどう投資に回すか考える

限られた資金を増やすのには投資をする必要があります。もちろん全部は投資にまわせません。

投資家の心理的要求に基づいた投資法、**「三つのバケツを持つ法」**をニューヨークで行われた富裕層会議で知りました。それを日本風にアレンジすると次のようになります。

第一は「安全バケツ」で、生活に最低限必要な資産はリスクをとらず、したがって儲けは追いません。現預金、自宅、保険がこの範疇に属します。もっともインフレが起これば現預金では対応できなくなります。

第二は「ライフスタイル維持バケツ」、分散投資をして市場と同程度のリスクとリターンを目指し、快適な生活を送る資金とします。

そして第三は「夢のバケツ」で、「ああ、いい投資の機会だ！」というときや「起業資金」など夢のためにするのです。リッチな人なら「別荘」に投入してもいいです。ポイントは、夢バケツが空になっても安全バケツから補充したりしないことです。

本来は富裕層向けかもしれませんが、心理的にしっくりくる分類です。資産運用の教科書に出てくるような投資法は第二のバケツに向けてのものです。

Check!

33 思い切って投資する

「貯蓄から投資へ」の大号令がかかって20年。種々の自由化をはかりNISA、つみたてNISA、2017年にイデコを導入。ところが次ページの図を見ても分かるように日本人は相変わらず金利もつかない貯蓄中心型。極端な低金利のおり、資産の伸びは限られています。私は大学の資金運用のチェックをする立場にいましたが、日米の投資スタンスの差は歴然としていました。

米国の75歳以上の高齢世帯の金融資産はここ20年ほどで3倍ほどに伸びたと言われている折、日本の同年代の高齢世帯の金融資産はほぼ横ばい。確かに米国の市況が好調だったこともあるでしょう。しかし、その底辺には「投資は悪」とすら断言する国民性があるよ

日・米・欧の家計の金融資産構成

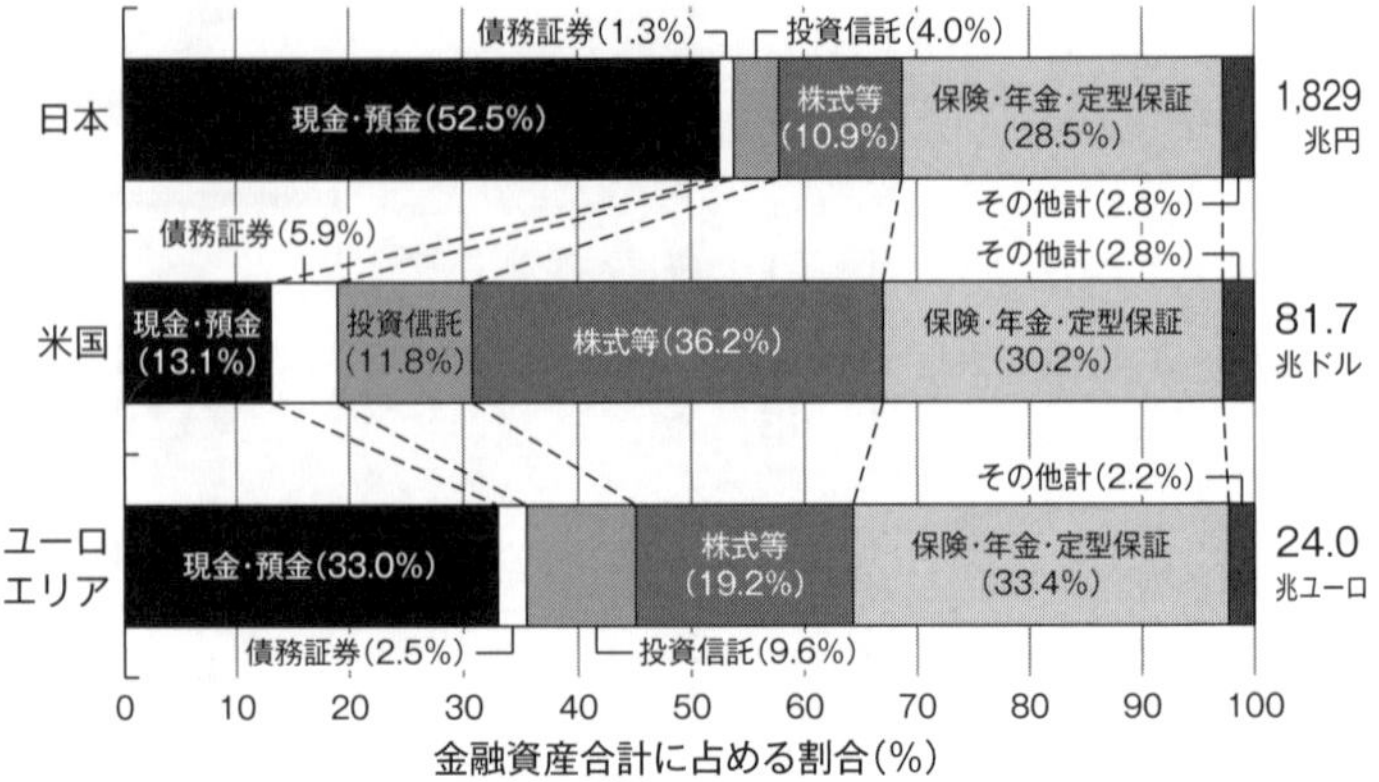

＊「その他計」は、金融資産合計から、「現金・預金」、「債務証券」、「投資信託」、「株式等」、「保険・年金・定型保証」を控除した残差。

2018年8月14日　日本銀行調査統計局

うに思えます。そう思っている限り投資の勉強には身が入りません。ではどう投資したらいいのでしょうか？

投資のキーワードは**「合理的に計算されたリスクをとる」**ことです。投資はギャンブルではありませんが、そうかといってリスクをとらなければリターンは生まれません。低金利の状況ではなおさらです。ですから合理的に計算されたリスクをとってみましょう。

それには分散することです。**動きの異なるものに分散することです。**株・債券・金・不動産などです。また、円だけでなく外貨（状況に応じてドルだけでなく、ユーロ、オーストラリアドル）も組み入れることで、円暴落への対策にもなります。市場の上下が同期しないものへの分散によって破局的な損失を被らないようにするのです。

ただ、近年は世界の市場が同期しやすくなっているので、機械的に分散しても必ずしもうまくいかないかもしれません。しかし、よく市場を見ていると、それなりに分散の妙が見えてきます。

ともかく、自分の投資全体を一つのファンドと考え、その全体が「そこそこ儲かる」ようにするのです。それを、一つでも損するのは絶対嫌と解約を遅らせると、大けがのもとになります。

□ Check!

34

投資の基本を学ぶ

お金は回していかなければなりません。

それが社会の血となるわけです。現政府はインフレ目標を２％においています。仮に２％を超えてどんどんインフレ率が高くなれば、預貯金や債券は目減りしてしまいます。インフレ率７％で資産は10年で半減します。

私たち日本人は慎重居士で元本保証が大好きですが、購買力という面からは世界のどこにも元本保証のものなどないのです（定期預金を含め）。

超インフレになれば、たとえ定期預金の元利が無事戻ってこようと元の価値はなくなっています。ですから、今は現実的ではないと思われるかもしれませんが、**インフレでも目減りしない投資対象**も視野に入れておかなくてはなりません。

次ページの表を見てください。リターン次第で資産には大きな差が出てくるのがわかります。

投資についての基本的な考え方をまとめると、次のようになります。

- 資産の全体を一つと考え、一部リスクをとる
- 動きの異なるものに分散（資産配分、通貨配分）、時間分散する（一度に売買しない）
- 売買益（売却益）と配当益（家賃収入）の両方を考える
- 安いときに買い、高くなったら売る（日本人は高値で買ってしまう傾向が強い）
- 自分の方針を持ち（売買の心づもり）、それを変えない
- 世界のお金の流れを考える
- コスト・税金のことを考える

日本人には、一生懸命稼いだお金だから、損をするのは絶対に嫌だという考えの人が多

お金にお金を生ませる

運用期間	年利1%	年利3%	年利5%	年利7%
5年	1,051	1,159	1,276	1,403
10年	1,105	1,344	1,629	1,967
15年	1,161	1,558	2,079	2,759
20年	1,220	1,806	2,653	3,869

（単位：万円　元本1,000万円の場合。複利、税引き前金額）

く、リスクをとりません。とはいえ全部預貯金ではインフレになったら、生活がたちゆかなくなってしまうかもしれません。

ですから、自分の資産全体の中でどの程度の損なら受容できるかを考え、一部は思い切って投資しましょう。多少損をしても、資産の全体を一つと考えればあまり落ち込む必要はないことに気づくはずです。

□ Check!

35 分散投資の技を身につける

素人が陥りやすいのは手持ち資金を全額エイヤ！と投資してしまうことです。**まずは3分の1くらいから始め、下がったらまた買う**というようにします。あるいはいっそのことドルコスト平均法を用いて、毎月同じ額の投資をするとコストが平準化します。

株式・投資信託投資であろうと、不動産投資であろうと売買益（売却益）と配当益（家賃収入）の両方に目配りをします。昨今は株式の配当利回りが定期預金に比べて格段によくなっており、そのメリットを享受しない手はありません。

安く買って高く売る、これが簡単にできれば誰も苦労はしません。安くなるとどんどん安くなるような気がし、高くなるともっとずっと高くなるという錯覚に陥るからです。特に「みんなと一緒」が好きな日本人にはこの傾向が強いのでご用心を。

みなさんも、いろいろとよい会社の情報を手にされるかもしれません。50円下がったら買おうと思いつつ、いざその値段になるともう少し下がるのではと手控えてしまいます。売りについても同様です。自分の方針を大切にしましょう。後追いは失敗に終わります。

同時に、新聞を読むときも、**絶えず世界の動きを頭に描く努力を怠らないようにしましょう。**お金に国境はありません。グローバル感覚を磨く必要があります。ものごとを鳥瞰的に見る習慣をつけましょう。これは仕事にもきっと役立つと思います。

投資は実際に売って「いくら利益を得たか」の世界です。手数料が高いとなかなか利益は出ません。購入時に3%、毎年かかる信託報酬が2~3%のような投資信託で儲けを出すのは至難の業です。イデコの投資の際も口座管理料は安い方がいいですね。ともかく**私はコストが高いものは敬遠します。また、必ず税引き後で考えます。**節税が図れる投資があれば、もちろんそれは大きなメリットです。保険商品は相続対策、その他の税務対策になることがあるので検討してみる価値があります。

分散投資の一例

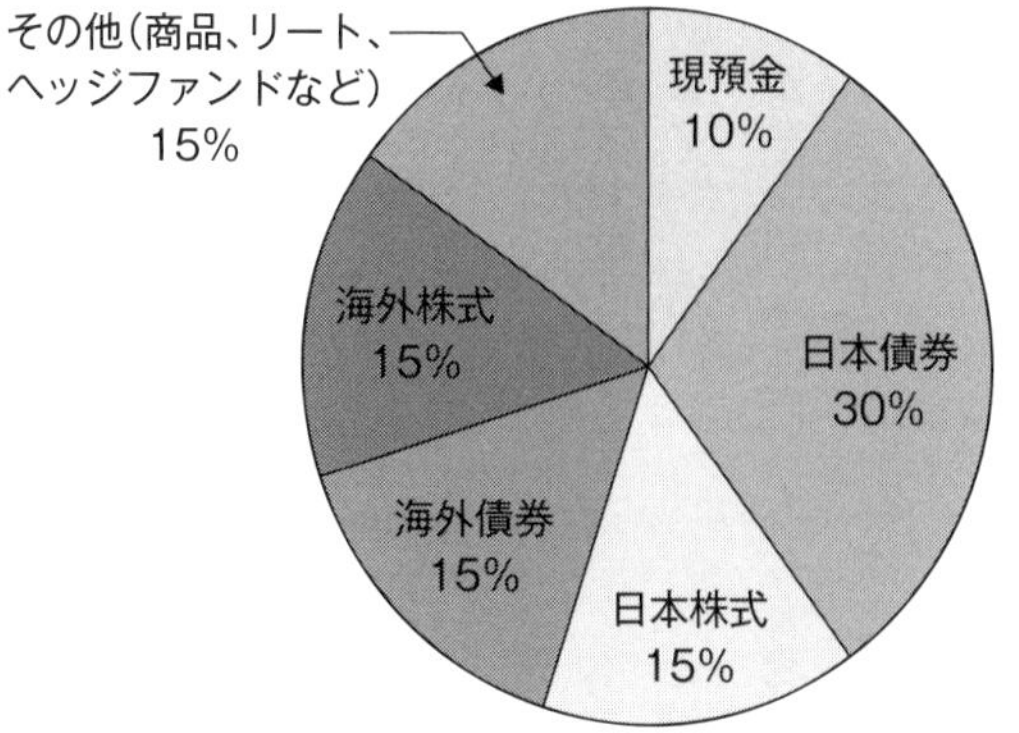

ごく簡単な投資モデル（資産配分）の一例をご紹介しましょう。前述の3つのバケツのうち第二の「ライフスタイル維持バケツ」についての案です。資産配分（ポートフォリオ）をどう設定するかが投資の成績を左右する一大要因と言われているのでとても大切です。

日本の年金を預かるＪＰＩＦ（年金積立金運用独立行政法人）の基本資産配分は「国内債券35％、国内株式25％、外国債券15％、外国株株式25％」となっています。

でもＪＰＩＦと個人は異なります。第一個人の場合は為替のヘッジを行っていない場合が多いと思いますので（海外投信自体がヘッジを行っている場合は別として）為替の影響をもろに受けやすいのです。

それを加味して上図のような配分を分散投資の一例

として挙げたいと思います。ＪＰＩＦの資産配分とそれほど大きくは異なっていません。

昨今の風潮をみていると、資産配分をする際にアメリカ株や海外資産の比率を高める傾向があるように思えます。

多分日本の人口減少、経済力相対的低下、先端テクノロジーにおける遅れなどを念頭においたためでしょう。少し前ですが現世代向けの資産配分としては海外65％（株式25％、債券30％、その他資産10％）、リタイア後世代向けの余裕資金の投資先としても海外50％（株式10％、債券35％、その他資産５％）を推奨する専門家の記事を見ました。ほとんどを海外でと勧める投資アドバイザーもいるくらいです。

日本経済が破たんする、大きく円安になるときは外貨が多いのは有効なシナリオだと思いますが、為替をヘッジすることなく65％もの資金を円以外の資産にするのはどうでしょうか？　円高になったら大変です。またリタイア組に対しても海外債券を35％としていますが、海外債券の場合は為替の問題が大きく、フルに為替をヘッジすれば利が出ずと、必ずしも安全資産とはみなせないのではないでしょうか？

自分の目指す資産配分を決めたら、次に自分の持っている資産の配分を前掲の分類に従いパーセントで表します。さらに、自分がよいと思う配分（たとえば前掲モデルを自分流に改良したもの）に比べてどう偏っているかチェックします。自分の持っている金融商品を売買して**極端な偏りを是正する**（あるいは新規投資で是正する）ようにします。

市場の動きで配分が変わってきたら、**リバランス**という元の配分に戻す作業をします。1年に1回程度でいいかもしれません。これは非常に勇気のいることです。英国王室も、かつてのことだとは思いますが株と債券の時価総額を同じにして、株安になれば債券を売って株を買う、というリバランスでよい運用成績をあげてきたといわれています。

まだ全く投資を開始していない場合は、自分がよしとする資産配分を決めてから少しずつ投資します。「節税に有利な貯め方をする」（107ページ）を参照してください。投資信託を選ぶ際はノーロード（買い付け時の手数料なし）で毎年の運用も低コストですむものがお勧めです。ネット証券でＥＴＦと呼ばれる上場投資信託で投資するのが一番安上がりでしかも使い勝手がいいです。売りたいとき株と同じように値段を指定でき、しかも幅広く分散が図れるという優れものです。

投資機会も、現在はネットを通して、直接海外の株式や投資信託にドルなど外貨建てで買える時代になってきました。一刻も早くそのノウハウを習得することが大切です。

□ Check!

36 不動産投資をする

資産に占める不動産の比重が自宅を含めあまり大きくない場合は、不動産投資も一つの方法です。老後の資金源として家賃収入は大きな魅力ですし、インフレ対策にもなります。必ずしも新築に限る必要はなく、利回りで投資効果を図りましょう。またグループホームなど需要が見込める物件もいいですね。現在は外国人による投資が増えているようですがいつまで続くかわかりません。日本では人口減少の折どこでも儲かるというわけにはいきませんから。

不動産投資の代替品として**リート（REIT）投資**なら気軽に行えます。リートとは不動産を投資対象とする投資信託で、これに投資することにより少額で大規模な不動産への投資が可能になります。海外のリートへの投資も可能です。

□ Check!

37 投資でだまされないための知識をつける

私たち日本人はこと金融に関しての知識は欧米先進国に劣ります。正直でお人好しな国民性も相まって、**残念ながら世界の金融界のカモ的存在でした。**

日本国内でも勘違いとだましが横行しています。注意してかからなければなりません。勘違いとだましの例をいくつか示してみましょう。

勘違い→「銀行・証券マンは投資のプロだ」

銀行・証券マンは「投資のプロ」だと思っていませんか？　そうではありません。「商品を売るプロ」だと思っていたほうが無難です。投資のプロは、投資顧問やファンドマネージャーであって、個人の客には対応しません。商品を売るプロと考えると、彼らが行っていることの裏がわかります。もちろん情報は大切ですが、鵜呑みにするのは危険です。

勘違い→「投資信託はプロが運用しているから安心だ」

「投資信託は『専門家』が運用しているから『安心』です」に安心してはいけません。実際、多くの専門家の運用成績は市場（インデックス）に勝てません。「安心」を「儲かる」に置き換えてはいけないのです。

勘違い→「債券は安全だ」「元本確保型なら安心だ」

「債券ですから安心です」と勧められ、結果として大損する人がたくさんいます。債券は金利が上がれば値段は下がる、会社が潰れた場合は破局的なダメージを被る、外債の場合は円高にふれれば、たとえ満期まで保持していても損が出る場合があるのです。債券という言葉に安心しないでください。

「元本が保証されています」はどうでしょう。外貨立てなら円高で元本が棄損することもあります。また、時に保証主がファンドそのものである場合があり、これは自分で自分のことを「大丈夫」と言っているのにすぎません。

だましの台詞→「高金利通貨なら儲かります」

「高金利通貨だから儲かります」を信じますか？　高金利なのは、通常は金利を高くしなければお金が来ないからだと考えるべきなのです。だから通貨が弱含む可能性は大いにありで、そうなればいくら金利が高くても投資額は目減りしてしまいます。ブラジルレアル、南アフリカランド、トルコリラで損をした人はたくさんいます。

だましの台詞→「あの大会社が運用しています」「何千億円も資金が集まった人気商品です」

こんなセリフを聞いたら「カモにしようとしているな」と気を引き締めましょう。もちろん、すごいなどと臆することはなく、むしろマイナス要因と思ったほうがいいのです。私が見てきた限り、投資が上手なのは小さな組織で機動的に運用をするところでした。大会社では例外はあるでしょうが得てして命令系統が硬直しがちで迅速な対応に欠けます。またコストも高くなりがちです。

お金が集まりすぎると運用が難しくなります。投資に関しては「人気がある」のが必ずしもよい商品ではないのです。また、コンピュータを駆使したモデル運用など、一見進んでいるように聞こえますが、はじめからまったく儲からなかったり、時とともにモデルが合わなくなったりして惨めな結果になったものをたくさん見てきました。

だましの台詞→「日本は危ないからすべて海外で運用しましょう」

「財政赤字の日本は実にあぶない。預金封鎖があるかもしれません。すべて海外で運用しましょう」は、間違いなく「不安を煽り立てる」戦法です。日本にいて円で生活している人にとって「投資はすべて海外投資」などは言語道断です。

要するに「金融カモ」にならないようにするには、**自ら「知識を身につけること」が必要であり、「信頼できるアドバイザー」を見つけることが必要です。**なおかつ、いくらよいアドバイザーに出会っても丸投げにするのではなく、セカンドオピニオンをもらいながら最終的には自分で判断することです。

□ Check!

38 投資詐欺の手口を知っておく

税金の還付金をダシにするものなど「振り込め詐欺」はバージョンアップしており、依然として衰えを見せません。一時は「母さん助けて詐欺」と名称が代わりましたが、定着せず、しかし詐欺の方は2018年の被害総額が（架空請求、還付金詐欺も含め）365億円と大きいまま。わざわざ海外から振り込め詐欺電話をかけてきたケースも大々的に報道されました。ともかく、日本人はだまされやすく、それにつけこむ人が多いのです。

リフォーム詐欺で認知症気味の人を探し出し、そこに仲間を紹介して親切を装い、後見人になって詐欺を重ねるケースなど、実に手が込んでいます。「被災者のために」というのもあると聞くと、本当に腹立たしくなります。

利殖詐欺も増加の一途です。存在していない会社の株券や社債を、あたかも特別に選ばれた人だけが買えるようなセリフを使い、何と9人もの人間を動員して売りつけるケースがありました。

未公開株、投資組合への出資、金取引など実にさまざまで、骨までしゃぶりつくす輩がウヨウヨしていると思っていてください。

認知症の初期段階が危険だと言われています。田舎にお暮らしのご両親にも、何かあったらすぐ携帯に電話するよう伝えておきましょう。携帯電話番号は絶対変えないからね、と念を押し、そしてこまめな連絡をお忘れなく。

あなた自身も用心してください。

きちんと勉強せず、専門家に相談もせず、コロリとだまされるケースが後を絶ちません。最初は順調でも、2回、3回と繰り返し、投資額が多くなった段階でドロンされる場合が多いのです。はじめはこわごわ注意している人も慣れとともに警戒心が緩んでしまいがちです。そこを狙われるのです。

詐欺を見分けるセリフ

何らかの事情で「欲が出たとき」「焦っているとき」に、特に詐欺にあいやすいようです。たとえば、「友人がまとまった退職金を手にするのをみて、焦りを感じた」などのケースです。

彼らはプロですから、だましのテクニックに実に長けています。たとえば自信のありそうな男性には「現場の第一線で活躍してこられたからもちろんご存じでしょうが……」というのが殺し文句になるそうです。

「危ない人を見分けるセリフ」は以下のようなものです。

「短期間で儲けられます」……短期間で損すると言っているのと同じです。
「絶対損はしません」……あり得ませんし、ほとんどの場合違法です。
「こんないい機会はすぐなくなります（今日で終わりです）」……なら、なぜその人がやらないのでしょうね。
「ハイリターン」という言葉をむやみに使う（リスクの説明がない）……ハイリターンはハイリスクとセットです。だから「ハイリターン」と聞くたびに「ハイリスク」と置き換えてください。

そして詐欺師の大好きな言葉、「今すぐ振り込んでください」「これはあなただけ特別」「もうすぐ売り切れます」を聞いたらピピッと危険を察知しましょう。

ともかく、おいしい話にはご用心！

どんな人がだまされやすいか

- 断れない人
- 人が好い人
- 疑わない人
- 自信過剰な人
- 義理がたい人

天才詐欺師アパグレイル曰く「絶対にだまされない、と思っている人が一番だまされやすい」とか。だまされるのは何もトロイ人だけではないことを重々肝に銘じてください。

私たちほぼ全員がカモ候補なのであり、財界の重鎮でさえだまされているのです。だまされていること自体気づいていないかもしれないケースも、実は非常に多いのです!

まだらボケにつけこむ詐欺が社会問題に

私は、将来の日本社会で大きな問題となるのが、まだらボケ状態になった同族経営者だと思います。

まだらボケになっても社長をゆずらない、株も後継者に渡さない状況など極めて深刻です。そういう匂いをかぎつけて不逞の輩が忍び寄ってきます。家族の不協和音を利用するなど、将来大きな社会問題となっていくのではないかと危惧しています。これは現在の多くの同族経営会社が抱える大問題です。

□ Check!

39
日本が経済危機に陥る前に準備しておく

巷にはこの種の本が溢れています。随分以前からです。現時点では日本国債はまだ健全ですが、きちんとした財政均衡プランを打ち出せなければ、いつ破局が起こっても確かに不思議ではありません。それに対していったいどう考えたらいいのでしょうか？

「状況が悪くなったら考えよう」ではうまくいかないでしょう。私はこれまで本当にさまざまな金融危機を体験してきました。警告が随分以前より発せられてきた場合もありましたが、ある日突然それは起こります。**そして一夜にして景色が変わるのです。**

そのときアクションを起こそうとしても、皆同じことを考えるので、取引がうまく成立しないのです。電話すらつながりませんでした。

株はなかなか売れません。ましてや国債暴落ともなれば、銀行に預けている預貯金の引き出しにも制限がかかるかもしれません。


そのようなときに予想される急激な円安や超インフレに備えるにはどうしたらいいか。

あらかじめ手軽にできる対抗措置は、**外貨ＭＭＦなど外貨建ての金融商品を買っておく**ことです。円が暴落したときの備えになります。でも日本にある口座ではダメだという専門家もいます。不動産、金などの現物を持っておくことも備えになります。


通貨の分散をすすめる「外貨での投資」が新聞を賑わしている割には、個人の金融資産に占める外貨建て資産の割合はわずか２・４％（２０１８年９月末）。グローバルにお金の動きを見ながら米ドルだけではなくユーロや豪ドルも入れておきたいものです。

インフレが亢進したら、それに連動して上がる給料や家賃収入がなければみじめなことになります。７％のインフレ率になれば10年であなたの資産は半減するのです。投資の鉄人と言われるウォーレン・バフェット氏も言っているように、**「資産防衛の最大の脅威は**

インフレ」なのです。

さらに経済状況が悪くなれば、治安が悪化し、教育予算のカット、医療保険破たんという事態もありえます。となれば、子どもは海外留学させ、親を海外で介護しようと考える人たちも増えてくるでしょう。

そこまで状況が悪くならなくても、職を求めて、あるいはリタイア後のＱＯＬ（Quality of life／生活の質）を求めての海外でのロングステイ派が増えることになるでしょう。

海外長期滞在先としてはマレーシア、フィリピン、オーストラリア、ニュージーランドなどが人気があるようです。世界44カ国でリタイアメント移住制度が実施されています。年金受給者や貯金で食べていける人など、働かなくても生活できる人が対象ですが、40、50代の人もよく見かけます。早期にビザだけを先に取ってしまっている人もいます。

グローバルな視点を持つ人材が求められている折、英語と中国語が同時に学べる、シンガポールやマレーシアへ子どもを留学させる親もいます。

滞在先を選ぶ際に考慮すべき点としては、ビザのほか、生活費、治安、現地に馴染めるか、仲間ができるか、病気になったときのこと、などがあります。海外長期滞在を考えているなら、土地勘の働く、なじみの場所をつくっておくのが第一歩になるでしょう。

ただ、現実問題として、大多数の人にとって海外は現実的なオプションとはいえません。言語もできず、年金のみという人に対して、「海外なら楽な、ハッピーな生活ができますよ」というアプローチには賛成しかねます。

むしろ国内での対応策を練っておくべきです。外貨建て投資を行う、収入の道を閉ざさないようにする、などです。たとえ医療サービスが受けにくくなった場合でも、お医者さん、看護師さんを含めたネットワークがしっかりしていたら少しは安心ですよね。犯罪率が高くなったって、家族、親戚、友人が団結して守り合えば少なくても心丈夫です。

□ Check!

40 「100％安心は無理」と腹をくくる

確かに老後資金の準備は必要です。そのためには努力がいります。それも今のうちから。ただし、将来どんな経済状況下でも100％安心できる位のお金を貯めようとすると、精神的には追い詰められてしまわないでしょうか？　ストレスになります。土台「100％安心」は無理です。

第二次世界大戦前の大資産家ですら敗戦後の混乱期には食糧の確保すらままならず、タケノコ生活でかろうじて生きていたと、岩崎財閥に繋がるサンダースホーム創設者の澤田美喜さんは述懐しています。

何としても守りたい子どもの安全ですら100%は無理です。もしそれを試みたら超過保護になり子どもの成長にはマイナスとなります。自分の命でも明日はどうなるかわからないではありませんか。

「老後資金はなにがなんでも」と頑張ってしまうと、精神的にも楽しくなくなります。**「なんとかなるさ」「なるようになるさ」**と腹をくくることも大切です。勿論努力もしますが、真面目で努力家、責任感が強く完全を目指す有能な人は「鬱」にかかりやすいのです。社会的に大活躍している著名な方が「自分も以前は鬱だった」とよく述懐しています。蓄財の為に鬱になったのでは元も子もありません。

私たち日本人はとかく真面目で勤勉、一生懸命になりすぎる気質なので「なんとかなるさ」の「腹くくり」の芸を身につけましょう。

総務省　家計調査報告（貯蓄・負債編）

総務省　家計調査報告（貯蓄・負債編）
平成30年平均結果（二人以上の世帯）
2019年5月17日公表

世帯主年齢	～39	40～49	50～59	60～69	70～
世帯分布（%）	11.9	19	18	22.8	28.3
平均貯蓄残高（万円）	600	1012	1778	2327	2249
負債（万円）	1248	1105	683	207	104
平均純資産（万円）	−648	−93	1095	2120	2145

第2章のまとめ

□自分の資産と負債を書き出し、家族がわかるようにしておく
□死ぬまでに必要な金額を計算して、お金が足りるかどうか考える
□どのような介護を受けたいか、お金はいくらかかるかを調べる
□一刻も早く貯蓄（天引き）を始める。節税も考えに入れる
□投資や資産管理のための時間を定期的にもうけ、勉強する
□投資は動きの異なるものに分散するのが原則。外貨も一部保有する
□国債暴落、超インフレなどの「いざ」という場合にどうするか、プランをつくっておく
□だます人、危ない人の見分け方を知っておく

第3章

家族・友人との関係を見直しましょう

40、50、60代と進むにつれ家族関係が変わってきます。それはそうですよね。本人の社会的な立場は変わり、子どもも成長していきます。
さらに親との関係までガラリと変わる時期かもしれませんね。自分の世話をしてくれる存在と思っていた親が、ある日突然介護が必要な状態になっているのに気づき、愕然とするかもしれません。

ここでは、時を経て変わる夫婦、子、親との関係を通して、家族のあり方、問題点を見つめながら、具体的に今できること、どんな注意事項があるのか一緒に考えてみましょう。

家族以外では友人の存在がますます重要になるでしょう。仕事関係でも仕事外でも、一生つきあえる友だち、自分にしっくりくる友だちとの出会いがあるのも50代です。

「ご近所」はどうでしょう。何人かは信頼できる人たちがいるのではないでしょうか。災害時など何かと頼りになる人たちとのタッグを組むと安心感が出てきますよ。

□ Check!

41 夫婦それぞれが自立する

夫婦分業から自立型夫婦へ

勤務時間が徐々に減り、家にいる時間が長くなると夫婦に軋轢が生じがちになります。長年、夜と週末のみの「パート夫婦」だったのが、いきなり「フルタイム夫婦」となるからです。早期退職を機に「のんびりゆったり」を決め込んだK氏、妻からこんなことを言われています。

「もう耐えられないの、ワタシ。3食作らなきゃならないのよぉー。友だちも呼べないし、もう嫌!……」

妻のほうが大体煮詰まってきます。今まで大して気にならなかったイビキすら我慢ならなくなります。

こんな事態を頭に描き、**夫婦関係を見直しましょう**。夫は意外に問題に気づいていないものです。とりあえずはフルタイム夫婦に向けての助走を始めましょう。外での仕事量が減ったら、その分、家事分担の見直しをしましょう。子育て期間中は夫婦分業のファミリーも、年とともにそれぞれ自立の方向に向かいます。

今まではせいぜい地域活動どまりだった専業主婦が、仕事や起業にチャレンジする。あなたが働き蜂の男性だったら、ぜひ、料理、掃除、アイロンがけ、ボタンつけなどにチャレンジしてみてください。家事貢献度が上がればそれなりに評価されるでしょう。

たとえ評価されなくても、妻が長旅に出たり、病気になったり、先々孫の世話で海外に長期逗留を決め込んだりしても生き残れます。男性は配偶者に先立たれると「3年しか持たない」と言われていますが、生活面で自立できていればお迎えの時期を遅らせられるのではないでしょうか。

家事をもっぱら担ってきた妻も、ここは賢く「**家事指導者**」としての叡智を持たねばなりません。夫が慣れない家事を始める。なにせ初心者ですから、下手、汚らしい、手際が悪くて当たり前と覚悟し、文句を言わずに辛抱強く鷹揚に構えましょう。やらせてみることです。手を出したらまた「元のもくあみ」になってしまいますから。

また、近所づきあい、地域活動なども多分妻のほうが先輩でしょう。夫のデビューの際は手ほどきをしてあげましょう。

もちろん、女性にとっても自立は大命題です。経済的にはどうでしょう？　女性は男性より約6年は長生きするので、一人で生きのびる知恵とガッツを身につけておかなければなりません。

子どもの独立後に職業を持つつもりがあるなら、そのための訓練を受ける必要があるかもしれませんね。女性の平均寿命が87・32歳。老後は長いのです。遅過ぎるということはありません。

お金を稼ぐ仕事に就かないとしても、資産管理、投資はできるようにしておいてください。車の扱い、簡単な電気・大工仕事もお忘れなく。

女性は年齢とともに強くなる

老年期に女性の立場が優位になるのは世界的傾向のようです。文化人類学者のデーヴィッド・ガットマンは、世界の26のさまざまな社会を検討し、老年期においては男性の優位性が高まる社会は存在しなかったとしています（ジョージ・E・ヴァイラント『50歳までに「生き生きした老い」を準備する』ファーストプレス、172ページ）。

「男の脳はシステム化志向で、女の脳は共感志向」「女性のほうが年を取ると脳機能テストで成績がよくなる」（篠原菊紀『不老脳』アスキー新書、27ページ）という指摘もあります。

ある生命保険会社が行った退職後の意識調査でも、「退職後の退屈さに悩まされる」「孤独になる」のは圧倒的に男性という答えが出ており、対して女性は「行動的になる」ようで、退職後のライフスタイルでは、地域や趣味に根差したネットワークのある「女性優位」という見方が裏づけられます。

男性は、このあたりの事情も考慮した上で、「共存共栄構築」の視点から将来の夫婦関係を目指したほうが得策ではないでしょうか。

□ Check!

42 夫婦で一緒にすることを増やす

仕事にリセットが必要なら家庭のリセットも必要です。夫婦楽しく一緒にいるための算段を考えましょう。

50代になったら、**時には早目に帰宅して夫婦で食事する、共通の習いごとをする、一緒に地域ボランティアに参加する**といったことはどうでしょうか？　欧米先進国ではごく普通の光景でしょう。

この際、定年を待たずに、より家庭を重視したライフスタイルに軸足を移せばコミュニケーションもよくなるでしょう。間違っても濡れ落ち葉にはならないでしょう。

仮に、夫婦関係に大きな問題があると自覚したら、それを表面化させることが大切です。

ひたすら我慢すると後で爆発してしまいます。**互いの「希望」「譲れない点」を伝え合います**。そして、時間をかけて調整していきます。状況は絶えず変化していくのですから、どんな夫婦にも微調整は必要なのです。たとえば、それぞれが自由に使える小遣い、家事分担、老後の暮らし方などです。

「時間がない」などと言わず、ことコミュニケーションに関してはいくら時間を使っても使い過ぎということはありません。

その上で**一緒に楽しめる趣味**があれば皆を羨ましがらせられます。ともに旅行好き、ダンス好き、ゴルフ好き、音楽好きの夫婦を何組か知っていますが、「ああいいなー」と思って見ています。

趣味も今から少しずつ始めましょう。リタイアしたときから始めようとしても、充分な気力がないとつい億劫になるものです。趣味なし、やることなしの人になってしまうかもしれませんよ。

□ Check!

43

夫婦間で考えを伝え合う習慣をつける

時とともに変わる夫婦関係や親子関係、調整がうまくできるかどうか、それはひとえにコミュニケーションにかかってきます。その実践は今すぐでも始めてほしいのです。

会社で意見調整がうまくできるのなら、家でできないはずはありません。**「放っておけばそのうち解決する」とタカをくくっていませんか。**もっと深刻になってしまうだけだと思います。

会社での人間関係ならいざしらず、家族や親類関係はもっと大変という思いがあるかもしれませんが、コミュニケーションのとり方さえ上手にできれば（もちろん他の人もですが）

問題はないはずです。

私の知っている米国の同族経営の会社は、なんと一族130人が会社に携わっており、同時に資産の共同運用をしています。そのような大所帯の一族には、家族の理事会、諮問委員会、家族総会があり、絶えず意見の調整を行っています。サマーキャンプや若者の研修会まであり、あらゆる場を通してコミュニケーションをとり合い、一族の結集を図っています。


前述したように、**互いに「自分の希望」「譲れない点」などをスラッと伝えあう習慣**をぜひともつくっておきたいものです。

日本人は、自分の意見が反対されたり、時には単に質問を受けただけで「人格否定」されたと気分を害してしまい、傷ついたり、恨んだり、怒ったりする傾向がないとはいえません。

気持ちは明るく、肯定的に、でも言うべき主張はしっかり言いあう。誰かが常に我慢するというのは、我慢をしてしまう人にも責任があると思います。

一緒にテレビを見ているとき、互いの意見を言い合い、緊張したり気分を悪くしたりすることなくコミュニケーションを図る術を身につければ、変貌する夫婦関係や親子関係にもスムーズに対応していくことができるのではないでしょうか。ベストセラーの『伝え方が9割』（佐々木圭一著、ダイヤモンド社）も参考になります。

□ Check!

44

必要に応じて家庭内で別居する

子どもが家を出ると部屋が余り、それでは「**寝室を別々にするか**」と考える夫婦は決して少なくはありません。年とともに自分のライフスタイルに対するこだわりが強くなったり、睡眠の問題を抱えがちになったりするからでしょうか？

空調を使うかどうか、設定温度は、夜型か、朝型か、ベッドの中で本を読むかどうか、あるいはイビキだとかニンニク臭さがもう我慢できない、といった理由から寝室を分けるのです。

そんな夫婦別々のニーズを満たす寝室設計を得意とする建築家の話を聞いたことがあります。皆、同じような悩みを抱えるのですね。

女性は結婚、出産としょっちゅう仕事を中断させられているので変化に強いようです。ライフスタイルを変えることに慣れています。ずっと会社一本でやってきた男性はそのあたりが不器用なようで、早期退職やリタイアなどの変化にうまく対応できず、ひきこもりがちになる人もいます。寝室は別にするとしても、家庭内であまり男性を孤立させないようにしなければなりません。

仲がいいのかよくないのかよくわからない夫婦もたくさんいます。自分たちもわかっていないのかもしれませんね。**日本人は諸外国に比べセックスレスが多く、**また婚姻関係にあってもセックスが少ないという報告を読みました。

ある調査（一般社団法人日本家族計画協会「第8回　男女の生活と意識に関する調査」2016年データ）によれば、婚姻関係にある男女間でのセックスレス率は47・2％にもなっているとのこと。その理由は、男性では「仕事に疲れている」が35・2％、女性では「面倒くさい」22・3％などなど。

寝室を分けるだけでなく、**別居のかたちをとる夫婦**もあります。特段仲が悪いわけではない思いやり別居（妻に家事負担をかけたくない、妻を束縛したくないという主張）、ライフスタイル別居（夫は田舎で農業、妻は都会で趣味生活）など別居には実にさまざまな形態があるようです。

家庭内別居しかりです。なかにはそれぞれ1階、2階と分けて住んでいる人だっています。ある夫婦の場合、ベッドを置く位置を上下階で同じところにして、夜中に具合が悪くなったらホウキの柄で突っつく取り決めだと聞いてびっくりしたことがあります。

もちろん仲が悪くて別居している場合も多く、離婚へと進むケースもあります。婚姻期間20年を超える夫婦の熟年離婚は全体の19・3％（平成29年、厚生労働省「人口動態統計」）。この数字は正式離婚の数で、かくれ離婚を入れればもっと高率になるではないでしょうか。

Check!

45 成人した子と定期的に会って話す

子どもとの「認識のずれ」に気づく必要がある

歳とともに、夫婦だけでなく親子関係も変わってきて当然です。反抗期・思春期の子どもとの付き合いも大変ですが、成人した子とのつきあいがうまくできるかどうかが、人生後半からの親の幸せ度に大きく影響します。

子どもが成人し、力と自信をつけてくれば、当然のことながら**親子関係にも調整が必要**となります。ところが親のほうはなかなかそれに気づきません。いつまでも子ども扱いしがちです。成人した息子を「坊や」呼ばわりする人もいます。

それに反発するのは当たり前で、反対に何歳になってもすべて「親の言うなり」、親のプログラム通りに動くようだったら大人になっていない恐れがあり、こちらのほうがもっと危険でしょう。

「**子どもとの認識のずれ**」にも気づく必要があります。無理してでも自然に触れさせようと、週末ごとに子どもを田舎に送り出していた知人は、30年以上後になって「週末ごとに自分たちは親から捨てられていた」と、かえって恨まれていたことを知ってびっくりしていました。

無理して続けさせたピアノのレッスンを子どもはどう考えていたか聞いてみましょう。あなたの意図がまったく誤解されているかもしれませんよ。それが後に尾を引いてしまう可能性だってあります。

定期的に話し合いの機会、イベントを持とう

夫婦関係の調整について前述したように、子どもとの継続的な話し合いの機会をどうしたら持てるか、真剣に考える必要があります。

一番楽なのは、まだ子どもが小さいうちから、小遣いの使い方や手伝いなど、もろもろ話しあう**家族会議を、毎週あるいは毎月持つ**習慣をつけておくことです。

私の知り合いは「毎週木曜日は家族の夕べ」だったそうで、父親の仕事の話、世の中で起こっていること、それがどう仕事に影響するかなどずっと聞き続けたそうです。マイカーの購入などはそうした場面で話し合って決めればコミュニケーションがよくなるだけでなく、**またとない金銭教育、生活力教育の場**となります。

そういう下地があると、子どもが家を離れた後でも、誕生日や季節の祭事などに合わせて気軽に集えますし、互いの問題をシェアするなどできるでしょう。親の資産の話、自宅を将来どうしたいかなども話題になるでしょうから、それが円満な相続へとつながります。

□ Check!

46 子どもにスネかじりさせない

長いデフレにおける厳しさの続く雇用状況のため、場合によっては40歳になっても親世代のお金を当てにする「大人子ども」が増えています。

基本は子に収入内で生活させること。どうしても無理ならローンとして貸す。これが大原則です。そうしないと、自尊心、自立心、自己肯定感の薄いスネかじり族をつくってしまうことになります。子がスネかじりをすれば、それを見て育つ孫もまたスネかじりになります。

成人しないうちの子どもにプレゼントをするのはいいと思いますが、それもなるべく**物ではなく、経験にしてください。**一緒に海外へ行く、語学研修、死ぬほど好きなサッカー教室やクラブに行かせるなどです。

どうしたら**「やりくりができる」子どもに育てる**ことができるのか。**小学生のころから小遣い制をしき、何事も小遣いの範囲内でやりくりさせる**ことです。そうすることで子どもはやりくりだけでなく、生活力、想像力、交渉力などをも身につけていくことができるのです。

■参考資料：私が書いた金銭教育に関する本です。

●『Q&Aで学ぶお金教育　子どもにどう生活力をつけるか』（ディスカヴァー・トゥエンティワン、2014年、電子書籍版）

●『わが子が成功するお金教育――よい小遣い　悪い小遣い』（講談社プラスアルファ新書、2005年）

●『金銭教育――小遣いから資産家の二世教育まで』（総合法令出版、2001年）

□ Check!

47 親がどんな生活をしたいのか聞いておく

みなさんのご両親は何歳になりましたか？　自分のことを守ってくれる、世話をしてくれる存在だと思っていたその親を、ある日、自分のほうが世話をしなくてはならないんだ、と気づいたとき、愕然としましたか？　あるいはじわじわっとした気づきでしたか？

歳をとった親のことは、まだ何とか自前で頑張っていても、常に気がかりなものです。遠隔地で一人住まいの場合はよけい気になります。ところが、親のほうは相変わらず強気で何かと説教をする。**シニア心理を考えての対応をしたいものです。**

たとえば、シニアがよく口にする言葉、「すっかり歳をとってしまって」というセリフ、その背後には「そんなことないよ」と否定してほしいという気持ち、また同時に不安を察してほしいという気持ちが潜んでいるのではないでしょうか。**親子の力関係が変化しつつあるとき、親の心境には複雑なものがある**のです。

歳をとってだんだん動作が鈍くなる、病気がちになる。そのような状況になったら、せめて自分の近くに引っ越してくれたら安心ですが、**親には親の希望があります。**

どんな人や近隣に囲まれて、何を生きがい（楽しみ）に暮らしたいか。日常のサポートが必要になったらどうしたいか（同居希望など）、サポートはどこから、誰から受けたいのか。

事前に親の希望の聞きとりをしておきましょう。

それをどう実現していくことができるのか、親、兄弟、場合によっては親戚との調整も必要になるでしょう。

「近所に友だちもいない息子の家に無理やり連れてこられたんで、あの人ボケたのよネ」

こんな話はよく耳にします。

親が新しい環境になじむかどうか、新しい地域で友人ができるか、今までの環境とどちらのほうがトータルなサポート体制が整えられるか、よく皆で検討してください。**高齢になってから環境を変えるのは精神的、肉体的に負担がかかります。**

それでもやはり「近所に住んでほしい」があなたと配偶者の結論なら、時間をかけて説得してください。**シニアとのつきあいには「時間をかける」**がキーポイントです。それには何よりも日ごろのコミュニケーションが大切です。

□ Check!

48 親を喜ばせる

コミュニケーションを促進するためには、まず**親の役に立つこと、親が嬉しがることをする**よう務めることです。

元気な親でも不得意分野があります。パソコンやネットを駆使して情報をとることに慣れていない、字が小さい契約書など読むのは面倒だ、体が不自由なので買い物ができない、などなど。自分から積極的にシニアのお役立ち情報を得て、それを親に伝えましょう。

親の喜ぶことは何でしょう。孫を連れて顔を見せにいく、法事を兼ねて家族旅行もいいですね。

□ Check!

49

親と資産について話しておく

一般的に、日本では資産だとかお金に関する家族間のコミュニケーションは極端に少ないのです。「聞くのは憚られ、言うのは気恥ずかしい」が将来に禍根を残すことになります。**親の生活資金は足りているのか、今後の見通しはどうなのか**、思い切って聞いてみましょう。「自分のこともあるから一緒に調べよう」ともちかけてみたらどうでしょう。

介護などにお金がかかり、蓄えが厳しくなった状況のときは第2章を参照してください。親は子に余計な心配をかけたくないと、情報のないまま危ない選択をしてしまうことがあるので気をつけてください。

子への気遣いもさりながら、あなたの機嫌を損ねないようにと、お金に関してあなたの無理を聞いてしまうかもしれません。

しかし、ここは自制心の働かせどころです。ちょっとお金を借りる……「どうせいつかは自分のものになるんだから」というのはよいことではありません。**親の資産はあくまで親のものです。**

親を怨んでいたり、親の資産は自分のものと思っていたり、自分自身が困っている場合は特に注意が必要です。

□ Check!

50 親の資産管理の手伝いをする

親は歳とともに、資産運用とか管理どころではなくなってくるかもしれません。詐欺事件の餌食になっているかもしれません。

税金の申告だとか、保険の掛け替え、その他の資産管理に困っていないかどうかチェックしてください。もしそうなら一緒に作業をしましょう。そうすることで**親の資産がどこにどれだけあるか把握できる**ので、後でいざというとき、助かります。

ただ、あくまで資産は親のものですし、**お金を動かすときは兄弟の了解を得る、あるいは、その情報を兄弟に逐一知らせておく**べきです。信頼関係を保つ上からも。

定期的に家族が集まっていろいろ懸案課題を話し合うことが一番望ましい姿です。

でも多くの人が「親とお金の話はしづらい」と言います。親しかり、です。

実際、相続を経験した全国900人を対象とした調査によると、「子どもに自分の相続財産をどのくらい明らかにしていますか?」という設問には52・4%が「まったく明らかにしていない」と回答し、「あなたは相続について子どもと話をすることがありますか?」の設問には60・7%が「ない」と回答しています（三菱UFJ信託銀行によるネット調査、2018年)。

「自分が費用を出すからこのままで一生お金は大丈夫か、もっとよい方法はないか税理士さんにチェックしてもらったら」という提案はどうでしょうか?

少なくとも税理士のところにデータは保管されますので、いざという場合に助けになりますし、本当に大丈夫かどうか税理士に聞いてみることもできるでしょう。

親に余剰資金があり、子どもへの相続を考えている場合は、**会計士、税理士などとチームを組んで対策を立てましょう。**専門家である第三者と家族全員の参加が可能ならそれが一番です。

金融広報中央委員会の調査（家計の金融行動に関する世論調査、2018）によると、二人以上世帯では「老後の世話をしてくれるか、家業を継ぐかなどにかかわらず子どもに財産を残してやりたい」が41・8％で最も多く、全体の6割以上が「子どもに財産をのこしてやりたい」と考えているようです。

前回調査と比較して10ポイントアップとありますので、新しい傾向なのでしょうか？

□ Check!

51

親から、自分と家族の話を聞く

だんだん自分の能力が衰え、社会、家庭における役割が縮小していくのを感じている親には「きっと寂しいだろう」という気遣いが必要です。**命の循環、大自然の一部として役割を果たしたのだという充足感を感じさせてあげてほしい**のです。それには家族への帰属意識が大きな役割を果たすように思います。

喜寿、米寿、卒寿だけでなく、毎年の誕生日、亡くなった家族の命日など、**催しものを大切にし、家族、親類で集まる機会を多く持ちましょう。**

両親の生まれてからのこと、子である自分の幼少時のこと、仕事上や家庭内での経験、

祖父母のこと、身近な親族のエピソードも親から聞いておきましょう。

そうした家族文化、また親自ら苦労して身につけた知恵を伝えたとき、命のバトンの充足感を覚えてもらえるのではないでしょうか？　親が自伝を書くのを手伝い、それを米寿のときに配るのはどうでしょうか。大変なら業者を使うことだってできます。

親が保存している写真の中から100枚選び、説明を聞いた上でシナリオをつくり、音楽を吹き込んだ10分間フォトムービーをつくるといったことも喜ばれそうですね（「人生百葉」というサービスがあります）。

その他、自分史作成や自分の生涯をまとめたビデオづくりを手伝ってくれる会社は多くなってきました。

□ Check!

52

高齢の親に自動車の運転をやめてもらう

高齢ドライバーが起こす事故のニュースが毎日のように報道されています。

２０１８年に交通死亡事故を起こした75歳以上のドライバーに対して直近に認知機能検査を受検した人を調べたところ、49・２%にあたる２０４人が「認知症の恐れ」か「認知機能低下の恐れ」との判定を受けていたことが警察庁の集計で分かりました。

高齢者の事故については認知機能のほか、視野が狭くなることや運動能力の低下も影響していると指摘されており、自動ブレーキの搭載車に限った「限定免許」や、免許の取り消しを判断するに際して実車試験の導入の可否について検討されているようです。

実際事故を起こしてしまった本人は精神的なショックのみならず、逮捕、そして賠償金の請求という問題を抱えます。家族もときに多額の賠償金を請求されます。

親に「これからは運転するな」と、突然言ったら反発を招くでしょう。早い時期から、**いつ、どういう状況になったら免許証を返納し運転をやめるか話しあっておきましょう。**自分の運転の状況が分かるプログラムや、それに基づいた保険も販売されています。

とはいえ本人はなかなか判断できないものです。家族として一緒に悩みましょう。

「**車の返還儀式**」を提唱するアメリカの専門家から直接話を聞きました。家族や知人が集まり、車に関する想い出などを皆に伝えた後、キーをその車を譲る人に渡す儀式を執り行うことで「**心が納得する**」のだそうです。

車の免許返納は、都市部はさておき地方では車なしには買物や病院へ行く交通手段が非常に限られているところが多いので一大問題です。

また車を運転することに自尊心、自立心を感じている高齢者も多いので、こうした儀式は、その人たちの心の踏ん切りをつけるのにとても役立ちそうですね。

車の免許返納に対していろいろな代替案が出ています。シニアカー、電動カート、免許返納者へのタクシー割引や無料の買い物後の宅配サービスなどが一例です。

保険会社の中には多機能専用ドライブレコーダーを貸し出すところもあります。走行映像や危険運転の実態を高齢ドライバーに確認してもらいます。高齢者は自分の運転技術の劣化に気付いていない人も多いので有効です。運転後は走行データから分析し、同年代平均との比較が書かれた「運転診断レポート」を郵送するといったサービスを行っているところもあります。衝突を回避または軽減する前方衝突アラートや緊急メール発信機能の搭載も役立ちます。

□ Check!

53 親の生活が苦しいなら援助する

親の生活が苦しい場合は一緒に対策を立てましょう。項目31（124ページ）を参照してください。子どもとの同居、より小さい家への転居、公的機関からの融資などを一緒に検討しましょう。

それが無理で子どもに援助能力がある場合、**子には法律上の援助義務が定められています。**

民法には「直系血族及び兄弟姉妹は、互いに扶養する義務がある」（第877条第1項）と明記されています。特別の事情があるときは三親等内の親族にも家庭裁判所は扶養の義務を負わせることができるのです（同条第2項）。

過去には芸能人が自分はリッチな生活をしながら、母親は生活保護を申請していたケースは国会でも取り上げられ問題になりましたね。

□ Check!

54 幅広い分野と年代の友だちをつくる

家族より友だちが一番絆が親しい場合もあります。現役でバリバリ仕事をしているときは、仕事を通しての、仕事に役立つ友だちとのつきあいが多いかもしれませんが、徐々に**社外（仕事以外）の人脈の構築が重みを増していく**ことになるようです。

歳をとってもシャープな頭、健康な体を維持するのに不可欠なのが仲間の存在であり、会合などに積極的に参加することだという長年の調査結果があります（詳しくは第4章でお話しします）。「まだずっと先のこと」でしょうか？

今から積極的に、**個人、地域の人脈**をつくり始めましょう。仕事に関係のない友人の発掘がキーポイントになります。

勉強会、同窓会、地域での知り合い、ボランティアや趣味仲間、SNS仲間――いろいろな年齢の人、男女とも知り合いになりたいものです。いま流行りの**「ダイバーシティ」**です。

異なる世代の異なるバックグラウンドの人と知り合うことで視野が広がります。同級、同期の友だちばかりでは、自分が90歳になったときに誰も訪ねてきてくれません。

「つきあいが苦手」という方は、まず囲碁などの趣味の会、新聞社やデパートが主催する文化講座に通うなどはどうでしょうか？　地元人脈なら、手始めにマンションの管理組合や自治会の総会に出席してみては？　配偶者の人脈も自分の人脈同様大切にしましょう。

私の友人は「老後でも20人は友だちを持ちなさい」と言われたそうです。老後でもそれだけ本当に仲のよい友だちがいるといいですね。

□ Check!

55 安心ネットワークをつくる

東日本大震災のとき、あなたは無事その日のうちに自宅に戻れましたか？　ああいうことがあると、特に**近所の人たちとの結びつきの必要性**を自覚するものです。

すぐに帰宅できなければ子どもの様子を見に行ってもらう、年寄りが大丈夫かチェックしてもらうご近所さんがいると助かります。

病気になったとき、買い物を頼める人が近所にいるかどうか。何があるかわからないから、互いにカギを持ち合うのもいいでしょう。ガスの消し忘れが心配になったときも、ちょっと見に行ってもらえます。

内閣府が行った調査でも震災後強く意識したこととして**「人との結びつきを大切に思う**

ように なった」ことがあげられています。

私も互いに駆けつけられる範囲の人たちと月1回、安心ネットワーク定例会を開いて絆を強めています。もう7年半も続いています。

また、弁護士、会計士、医者や、電気、コンピュータ、修理などに強い人との人脈づくりをしっかりしておくと、日常的な問題にスムーズに対応できます。これも安心ネットワークの一つです。

第3章のまとめ

□時とともに人間関係は変わっていくものと強く自覚する

□分業夫婦から自立夫婦への流れに即して、それぞれが料理、洗濯、アイロンかけ、大工仕事、資産管理などを身につける

□夫婦、親子で互いに「どうしてもこれは嫌」「こうしてほしい」など希望を伝え合う「家族コミュニケーション力」を育てる

□子を「スネかじり族」にさせない

□親に老後の過ごし方についてよく希望を聞く

□家族間でお金のことをオープンに話せるようにする

□親の歴史を知る努力をする

□仕事以外の友だちをつくる

□自分なりの安心ネットワークを構築する

第4章

体と心に
よい習慣を
身につけましょう

人間の運動能力は20代から低下し始めるのですが、日本人の平均寿命は男性81・25歳、女性87・32歳です。今後はまだまだ長いのです。

勝負は今からです。無我夢中の人生だったかもしれません。その間に蓄積した疲労、悪習慣がそろそろ悪さを始めているのではないでしょうか？オーバーホールが必要です。大事に至らないうちに見直しておきましょう。なにせ「人生１００年時代」ですから。

心の持ち方しかりです。今後の新しいチャレンジに向けて、さらにその後に来る老年期を楽しく生き切るための心の習慣づくりを今すぐにスタートさせましょう。

□ Check!

56 体の出す信号に耳を傾ける

このごろ、少し体の不調を感じませんか？　健康に悪い習慣を改めないと、その「つけ」は意外に早く来るかもしれません。

あなた以上にあなたの命を大切に思ってくれる人が誰かいるでしょうか？

それなのに、職業上の知識習得には熱心な人でも、最も大切な「自分の命」、つまり自分の健康に関する知識の習得は二の次にしてしまいがちです。病気になるまで一顧だにしない人が実に多いのです。健康や病気に関する知識がなければ不調や病気の発見が遅れ、それだけ治すのにも時間がかかります。

高血圧、糖尿病などの発症は若いころの生活習慣が大きく関係していることがわかってきています。

でも知っているだけではダメ、体によい習慣を身につけた人が勝者になります。

体と気持ちがずれ始めるのが50代です。ところがそれに気づかない人が多いのです。病気一つしない人がころりと死んだりします。自分の健康を過信しているからかもしれませんし、また体が発する「疲れた、具合が悪い」という信号に鈍感なためかもしれません。

50歳を過ぎたら**体の出す信号に耳を傾けましょう。「頑張り」で突っ走らない**ように。突っ走ったら体を休め、手入れをしてやることを習慣づけましょう。

どうしたら80歳になっても背筋がピッと伸び、体型を保ち、自由に歩き回れるようになれるのか。研究は進んでいますし、テレビでも最新情報が提供されていますね。「健康とは、健康によい情報を知ってそれを実行することだ」と、故・日野原重明先生は言われていました。知っているだけではダメなのです。

歩数計はつけていますか？　血圧や睡眠度が測れるスマートウオッチは、現在の精度はともかくとして自分の体のシグナルに目を向ける習慣作りには役立ちます。

□ Check!

57

最低20回は噛む

前にもご紹介した107歳、「しいのみ学園」の設立者である故・昇地三郎さん。彼は真っ赤なシルクハットをかぶる大変おしゃれな人でした。

「長生きのコツ」をたずねると、「一口30回噛めと母親に言われ、それを守っていることですかね」という答えが返ってきました。

江崎グリコ創業者である江崎利一氏の教えは「100回噛め」でした。日本のサラリーマンの昼食時間は平均21・6分（2018年、「サラリーマンのお小遣い調査」新生銀行）だそうですが、この際、**一口30回、せめて20回は噛みましょう。**すると脳に刺激が行き活性化されるし、脳が満足して大食らいしません。

あなたの周囲を見てください。メタボの人には早食いが多くはないでしょうか？　そして**食後に必ず大切な一言、「おいしかった！」と言ってあげると、脳は満足してそれ以上食べ物には手を出しません。**快食法ダイエットを提唱している横倉恒雄医師の推奨です。私の友人でもある楽しい先生です。『脳疲労に克つ――ストレスを感じない脳が健康をつくる』（角川SSC新書）を参照してください。

もちろん、**定時にバランスのよい食事をとること**が基本です。「日本人の昔の食生活が一番」とよく言われます。しかし、日本人の平均寿命が延びたのは各種バラエティに富んだ食べ物をバランスよくとるようになったからで、昔の人のようにしたのでは逆戻りになります。

カロリーは抑えて、でも穀類、肉、魚、乳製品、卵、野菜、イモ、海藻、大豆製品、キノコ類をバランスよくとることが重要です。

「**まごわやさしい**」と覚えてください。ま（豆）ご（ゴマ、ナッツ類）わ（わかめ、海藻類）や（野菜）さ（魚）し（しいたけ、きのこ類）い（イモ類）です。

Check!

58 食べ過ぎない

健康法は山とあります。医者でも正反対のことを言っている場合が多々あります。そのなかで総じて一致しているのは、

①食べ過ぎはいけない

②動物性脂肪のとり過ぎはよくない

③明るい心を保つ

という3点ではないでしょうか。

同時に、**食べ物の安全性**もチェックしたいところです。

すべての健康法を試みたという医師で日本綜合医学会会長の渡邉昌氏は、**質のよい玄米食**はビタミンC以外のほとんどすべての栄養価を含み、抗酸化効果がある優れものだと推奨します。

しかも玄米だとよくよく噛まなくてはならず、それが脳を刺激するなどの効果をもたらすと強調します。

飽食はよくありません。世界中の食文化と寿命の研究を行っている京都大学名誉教授の家森幸男氏は、**60歳からは腹7分、70歳からは6分、80歳からは5分**でよいと言っています。空腹時に長寿ホルモンが出るともいいます。

ダイエット法には「炭水化物抜きダイエット」などいろいろありますが、手っ取り早いのは**計るだけダイエット**「レコーディングダイエット」です。朝晩体重を計って減量に励むこと（参考資料：北折一『NHKためしてガッテン 女性のための成功ダイエット やせるスイッチ太るスイッチ』KADOKAWA／メディアファクトリー）。

そして注意すべきが、日本人の場合、**塩分のとり過ぎ**です。かつてよりは随分減ったのですがまだＷＨＯのガイドラインである一日5グラム以内の倍近く（平均で9・9グラム）摂っています（厚生労働省、平成29年国民健康栄養調査）。塩分をとる場合は天然塩がお勧めです。

□ Check!

59

時間をかけて歯をよく磨く

動物は歯が失われると死にます。人間とて自分の歯は大事にしたいもの。総入れ歯と自分の歯では大違いです。それには今から歯によい習慣を。

定期的に歯のチェックを受け、歯垢を取り除いてもらうと口臭対策にもなります。そのとき、**歯磨きのやり方を徹底的にレクチャーしてもらってください**。歯ブラシを歯に対し45度に傾けて使い、1カ所を10回以上、さらに歯間ブラシはサイズを合わせて、と私は友人の美人の歯医者さんから徹底的に教わり、「ちゃんとしないと歯がなくなりますよ」と脅されました。手鏡を見ながら歯磨きをするとコツがつかめます。一日10時間磨くことを指導して歯周病を直した歯科医の話も聞きました。

最近、**体温を上げると健康になる**といった趣旨の本もよく目にします（齋藤真嗣『体温を上げると健康になる』サンマーク出版）。風呂にゆったりつかり、体の温度を上げながら歯磨きをしたらどうでしょう。長風呂は健康によい習慣です。

私が一時通っていた、代替補完療法（現代西洋医学以外の各種療法の総称）のオーソリティである川嶋朗博士も体温上げ派です。風呂に10分以上浸かっていると睡眠にもよいから絶対実行するようにと指導を受けました。

先生自身、自作の電気湯たんぽをいつも抱えていました。体の温度を1、2度上げるだけで血管を若返らせるのでいい、反対に体温が1度下がると免疫力は30％下がるともいわれています。

☐ Check!

60 検査を受けて自分の体の弱点を知る

1年に1回は人間ドック入りをして、自分の体の弱点を知りましょう。

アンチエイジングドックでは特に老化に焦点を当てて調べてくれます。ビタミンやミネラルなどで不足しているものが特定され、サプリメントや時にはキレーション（218ページ参照）で改善する手がかりとなります。

学会認定医療施設や認定専門医は、日本抗加齢医学会のウェブサイトで調べることができます。

私の実兄は抗加齢医学会の設立に関与し、会長を務めました。ＰＰＫ（ぴんぴんころり）で亡くなりました。生涯現役だったのはいいのですが、ストレスが多過ぎたのでしょう。

日本抗加齢医学会には現在約８３００人が会員登録しており（2018年3月現在）、大会や多くの講義・セミナーは一般公開されています。また「見た目のアンチエイジング研究会」など分科会も多数あります。

その他アンチエイジングネットワークという情報サイトからも多くのアンチエイジング情報を得ることができます。

アンチエイジングドックの検査項目は多岐にわたりますが、たとえば以下のようなものです。

血管老化度／ホルモンバランス／抗酸化度／脳機能／金属蓄積度／遺伝子チェック／脳年齢／骨年齢／体のサビ度

詳しくはアンチエイジングクリニックのサイトなどを参考にしてください。

もちろん、アンチエイジングドック以外にもこれらの項目を調べてくれる医療施設はたくさんあります。自分が特に心配している病気を中心にチェックすることもできます。たとえば、ガンが心配な場合は体の免疫度や体のサビ度を調べるなどです。

私は、免疫度は近所のクリニックでＮＫ細胞活性値を測ってもらいました。去年の人間ドックのときは頸動脈の撮影で動脈の詰まり具合を調べてもらいました。心配していた脳検査でも問題がなかったのでほっとしました。

髪の毛で金属蓄積度の検査を行ったら、水銀とヒ素の値が高かったのです。除去の方法はいろいろありますが、日本人はマグロをはじめ魚をよく食べるので水銀の蓄積が多い人が多いそうです。いくつかの項目について遺伝子チェックもしました。

何のために検査するのか？　それは、**体の弱点を知って、それがどんな生活習慣に起因しているかを知り、その習慣を改めたり、サプリメントを飲んだりして病気を未然に防ぐ**ためです。脳卒中など、なってから後悔したのでは遅いのです。

ここで主治医に重要な役割を果たしてもらいます。検査の結果と日常の生活習慣などを総合的に判断し、どう生活を改めたらいいのか助言してもらうのです。

たとえば、塩分のとり過ぎからくる高血圧、運動不足からくる血管の詰まり、酒の飲み過ぎからくる肝臓の数値の悪化などを指摘してくれるでしょう。

まだ大事に至らないうちに気をつければあまり苦労しないで治せます。それができるのが50代です。

健康度チェックを日々自身でできる道具も次々と登場しています。

□ Check!

61 アンチエイジング施術を受ける

阪神の金本知憲監督は選手時代にはキレーションを受けていると噂されていました。キレーションは、3時間くらいかかる点滴のようなもので、重金属などのデトックスや血管詰まりの解消に有効と言われています。スポーツ選手の中には、より元気になるためにとり入れる人もいるようです。

手軽なところでは「にんにく注射」といわれるビタミンB群が大量に入った注射をする人、ホルモン注射を受ける人もいます。

以前米国では女性ホルモンの投与がごく気楽に行われていたようですが、ガン発症のリスクが指摘され今では下火になっているようです。

日本で行われているのは女性ホルモン投与のほか、プラセンタ（胎盤）注射です。若返り効果、皮膚に対する効果があるとされており、更年期障害や肝臓の症状がある場合なら保険適用になります。

ＤＨＥＡ（副腎から分泌されて性ホルモン――エストロゲンとアンドロゲン――に変わるステロイド）も人気だそうです。

美容面では、シミ、しわ、タルミ対策など、どんどん機械・器具が進歩しています。各種レーザー照射をする人が非常に増えました。

他人に悟られないようにシミを退治するならフォトフェイシャルという方法があります。外科手術によらない施術が一段と増えてきており、ボトックス、ヒアルロン酸、コラーゲン注入によるシワとりなど、以前に比べて肉体に負荷のかからない方法が開発されてきています。

活細胞療法を、スイスまで行って受けてくる人もいます。

歯並びの矯正や歯のホワイトニングを同時に行う施術、レーシックという近視や老眼の矯正手術を受ける人も増えてきました。メガネやコンタクトの煩わしさから解放されますが、リスクはあります。

昨今は男性エステが盛んになりました。男性もシミ除去のレーザー照射をする人が非常に増えましたが、男性が関心を示すのが植毛、そして筋力アップや男性機能の強化でしょうか。

「羊の胎児の細胞をおしりに注射してもらって、もう精力モリモリ」「成長ホルモンや男性ホルモンの注射でこんなに筋肉がつきました！」という人もいます。

ただし、インチキも多いと聞きます。ぼったくりも後を絶ちません。かえって健康を損ねたり、ひどい場合は命さえあやうくなってしまいます。

信頼できる医師を見つけ、その先生のアドバイスに従い、あるいは紹介を受けましょう。受ける施術の最大のリスクは何か必ず調べておきましょう。

しかし、アンチエイジングの基本は**姿勢**であったり、**歯の治療**がちゃんとされていたりすることです。猫背にならないよう、時にはショーウインドウに映る自分の姿をチェックしてください。座っているときは背中を骨盤の上にしっかりのせ、背筋をまっすぐに伸ばしていますか？

そして何よりのアンチエイジングは**張り合いのある生活**を送ること。みなさんの周囲を見渡してください。若々しく見えるシニアは張り切っている人ではないでしょうか？

□ Check!

62 更年期を克服する

日本人女性の平均的な閉経は50歳から51歳と言われ、その前後10年を更年期と呼びます。卵巣機能の低下に伴う、女性ホルモン分泌量の大幅な減少が原因ですが、人により激しさは異なります。医者に相談するなら婦人科です。

更年期症状に対し、以前は女性ホルモンなどの補充をすべての女性に勧める医者もいたほどですが、乳ガンその他のガン発症率が高まるという報告があり、より慎重な治療に加えてガン検診を受けることが勧められます。

錠剤以外に貼ったり塗ったりする薬もあります。日本産科婦人科学会からホルモン補充療法のガイドラインが作成されていますのでネットで調べて参考にしてください。

症状がひどかったら専門医に相談するのが一番です。でも、くれぐれも、**何でも「更年期だから」にしないように。**「更年期になっている余裕はない」くらいの心構えでいきましょう。

男性の更年期もクローズアップされています。こちらもひどい場合は専門外来へ。

Check!

63

医療に関する情報を集める

「情報」を持っているかどうかで、**病気に対する勝率がよくなります。**

健康一般に関する情報、あるいはどんな治療法があるか（最新情報も含め）、どこにどんな技能を持った医師がいるかなど、**情報を持っているか、情報を得る方法がわかっているかどうかで大違い**です。

自分の仕事に関する情報は日々取得していますよね。ところが、自分の最も大切な「いのち」を全うする健康や医療に関しての勉強はどうでしょうか？

忙しさにかまけず、面倒がらず、意識して自分のものにするようにしましょう。健康は失ってからでは遅いのです。

今では、普段の生活を続けながら受けられるガンの治療法がずいぶん進んできました。粒子線治療（陽子線治療・重粒子線治療など）のほかにも、各種最先端の放射線治療があり、保険が適用される場合もあります。知人はマイクロ波照射で重複ガンを克服したと言っていました。免疫療法も各種開発されています。

有効な最先端治療があったとしても、そのこと自体を知らなければ医者にアドバイスを求めようもありません。医者のほうから言ってくれるだろうとお思いですか？　そうかもしれませんが、そうでないかもしれません。大事な命がかかっているのです。私ならまず自分で調べます。

ときどき、医者の紹介を頼まれるのですが、このごろは依頼者本人が各種サイトで入念に調べ上げ、その病気、しかも自分がよいと思う治療法を行っている医者が、いつどこで外来を行っているかまで調べた上で紹介を頼まれることがあります。それも、日本にいる母親を心配して米国在住の方からメールで頼まれたりします。

病院・医者の参考になる情報源としては「病院の通信簿」、「健康診断.net」のサイトの中の「名医がいる病院」、医療機関・病院検索ができるサイト「T－PEC」などが役立ちます。

その他病院の依頼を受けて医療の質や安全管理体制、患者サービスなどの審査結果を公開している「日本医療機能評価機構」なども参考にしてください。

私自身はかつて、月1回の梶原拓氏主催の**「健康医療市民会議」**に5年間出席し、日本の名医と評判の方々の話を聞き、少人数懇親会で親しく話をしてきたので、かなりの情報量とコンタクトを蓄積してきました。

この会では、西洋医学のみならず代替補完療法と言われる漢方、アーユルヴェーダ、気功から民間療法まで、さまざまなジャンルの勉強をしてきました。

提唱者である梶原拓氏は亡くなり、市民会議は解散しましたが、そのサイトには多くの健康関連情報が載っています（http://www.kisk.jp/）。

不幸にして病気になってしまったら、特に重い病気の場合は、同じ病の人の闘病記を読むと、家族への伝え方、日常の注意事項、病気による感情の動きなどの情報が書かれており、よいサポートになります。

英国で始まり日本版も拡充してきたサイト「ディペックス・ジャパン：健康と病いの語り」（http://www.dipex-j.org/）は信頼できます。

■その他のサービス

●日本医学株式会社：郵送での健康診断

●コムル（NPO法人ささえあい医療人権センター）

●日本医療コーディネーター協会：診察時の同席、医療機関に関する実績情報提供など

●国立がん研究センター　がん情報サービス

また、大きな病院には患者相談室があります。

□ Check!

64 医療の受け方を自分で決める

以前は「すべてお医者様にお任せします」と治療法の決定を医師に全面依頼し、医師のほうでも「医療を患者に施す」といった表現を使ったりしてきましたが、不幸な事件の多発や情報が豊かになってきたこともあり、昨今は患者のほうで「**自分はこんな治療を受けたい**」と意見を持つ傾向が出てきました。

私はお産のとき、紹介された医師（院長）が実は糖尿病で目が見えなかったという経験をしたので、余計に「自分の身は自身で守るぞ！」という意志が強いのかもしれません。

私の「医療の受け方」をご紹介すると、次のように考えています。

「急性期の場合は西洋医学で。成人病などの慢性で重篤でないものは生活習慣の改善、食事療法、あるいは漢方やサプリメント、針灸などの代替・補完療法で」

同意見の友人も多く、そういう人たちは西洋医学一辺倒ではない医師をかかりつけ医として選んでいるようです。「日本人は薬を飲み過ぎよ。それでまた別の病気になるの！私はできるだけ薬は飲みたくない」という意見の人もまた、自分で自分の体を守る決意の固い人なのでしょう。

かかりつけ医の存在には大きなものがあります。同じ人に診てもらうことで病気の兆候をキャッチしてもらえる可能性が高くなります。何か大きな病気の場合は専門医を紹介してもらうことができます。

それぞれの分野でどんな医者が高い技能を持ち信頼できるか知っていたり、よい人脈を持っていたりする人だと大いに助かります。そして、専門の治療を終えたあとのフォローアップもかかりつけ医にしてもらうことになります。

自分の体に責任を持つということには、どうしたらよりよい治療が受けられるか考え実践することも含まれます。

故・日野原重明先生のアドバイスです。

「医者は多忙なので、診察を受ける前にその病気に関する今までの経緯を紙に書いて持っていけば、医者は時間の節約になり、コミュニケーションがスムーズに行われます。また高血圧などの場合はあらかじめ定期的に計ってその数字を持っていくことです。診察日になると急に血圧が上がってしまう人もいます。同時に聞きたいことを書いて持って行くくらいの準備をすることが患者のためにもいい」

その通りだと思います。

□ Check!

65 代替・補完療法も試してみる

意外に知られていないことですが、欧米では温泉療法、漢方、鍼灸、アーユルヴェーダ、カイロプラクティックはもとより、手かざし、海水セラピー、ホメオパシーなども代替・補完治療の一環として行われ、ものによっては保険の対象となり、大学レベルの研究も盛んだということです。

たとえば、**アーユルヴェーダ**の健康に対する考えは、広く西洋医学にも応用がきく大きな概念のように思われます。自分の体質にあった健康法、日常生活の注意点を知りたい場合は一度診察を受けてみてはどうでしょうか。マハリシ・アーユルヴェーダ認定医で著名な蓮村誠氏の脈診を季節の変わり目ごとに受けるという人もいます。

私自身、アーユルヴェーダの専門医にはネパールでも診てもらい、日ごろの習慣や気質を言い当てるのでビックリした記憶があります。

□ Check!

66

脳を鍛える

「ロンドンのタクシー運転手を対象とした脳検査（MRI）」という有名な実験の結果、タクシーの運転手は「地理の記憶をつかさどる部分の脳」が普通の人と比較して非常に発達しているということがわかりました。

減る一方であると思われていた脳の神経細胞が、実は増強することもありうるということがわかった点、および、**脳は使えば使うほど神経細胞が増える**ということがわかったという点の、2つの点で画期的だそうです。

今からタクシーの運転手になるわけではないとしても、何歳になっても「必要な知識は身につく」と思えば、なんだか救われる思いがします。

驚いたのは、幼少期の事故が原因で記憶障害になった人が記憶力日本選手権チャンピオンに輝いたことです。その人とは、藤本忠正氏。ということは、努力次第、記憶するコツを知っておけばかなりいけるということでしょう。

ある経営者は38歳のとき交通事故に遭い、両足を失っただけでなく頭にも障害が残り、記憶力が悪くなったそうです。が、それにもめげずメモ魔になり事業を立て直します。**「脳は筋肉より鍛えやすい」**というのはあながち嘘ではないようです。

では、どうしたら記憶力を改善できるのか?

脳科学の本がたくさん出ています。ともかく脳に新鮮な刺激を与えること、脳トレを実践し、大酒、頭への衝撃など脳に悪いことを避けることです。

シニアを対象とした調査によると、会合に出席する回数と脳機能が晩年になっても保たれることとの間には相関関係があるそうです。**人との交わりは脳に大変よい刺激になる**のに対し、しゃべらない、孤独は脳に悪いようです。そしてもちろん体を動かす、運動をすることも脳にはよいのです。

□ Check!

67 ウォーキングでボケを防ぐ

加齢とともに体と頭の関係が密になってきます。ですから、**シャープな頭の維持を図るなら運動を、体を保とうとするなら知的な活動**が大切で、そして特に最近強調されているのがその両者によい「**仲間を持つ**」ということ。

運動、知的活動、仲間の3点セットが大切だと、多くの高齢者を対象とした調査結果から判明しています。ご両親に伝えてください。

シャープな頭の維持のためにどうしたらいいか。**私が確信を持っているのは歩くことです。**それには個人的な思いがあります。

私の実父は物理化学者で文化勲章受章者でした。変わり者で、何でも実験の対象にしました。その一つが、歩くことが頭にいいかどうか調べるために行った、毎日1時間ほど歩く時期とまったく歩かない時期を設け、自分の頭はどちらがよく働くかという人体実験でした。

入念な分析の結果、歩くほうがいいと確信し、85歳まで科学者の頑固さで歩き続けました。旧東海道を日本橋から京都の三条大橋まで歩き通し、それを本にしたくらいです。85歳で亡くなる2週間前まで論文を書いており、頭はまったくボケませんでした。私はシャープな頭の保持には歩くに限ると確信しています。

実際、歩くことが頭にいいという調査結果も出ています。米国イリノイ大学の調査で、65歳以上の人に1日40分、週3回のウォーキングを半年行ってもらってＭＲＩで脳を観察、認知機能テストを行ったところ、注意力に関係するテストの成績が上がり、意欲にかかわる脳部位が実際に厚みを増したと報告されています（篠原菊紀『不老脳——40代からの脳のアンチエイジング』アスキー新書、127ページ）。

人間は動物、つまり「動く物」と書きます。動かないと心身のバランスがとれず調子が狂ってきます。毎日1万歩を目指して歩きましょう。**マラソン選手の有森裕子さんなどを育てた金哲彦氏ご推奨の歩き方**は、「まず正しく立つ。後ろで手を組んで少し上げる。それから歩き始める。歩くときは丹田に重心、骨盤で歩くようにする。腕を後ろにふることで肩甲骨が働く。途中で視線が下がるので肩を大きく回して視線を上げる」でした。

流儀はいろいろですが、

①なるべく大股で歩く
②速足にする
③速足とゆっくりを繰り返す（インターバル速歩）

など、いろいろな手法の中で自分に合ったものを選んでください。

☐ Check!

68

積極思考《ポジティブシンキング》を身につける

五日市剛さんは数多くの学術論文を発表し、大手企業では新規事業および研究開発に携わった工学博士です。26歳のときイスラエル旅行で心を揺さぶる出会いがあり、その経験をもとに、「ツキを呼ぶ魔法の言葉」の講演を全国で行っている方です。彼のエピソードから一つご紹介します。

すべてにネガティブで働かない問題児エンジニアの上司となった五日市氏は、彼に一つのことだけを頼みました。

「毎朝ロッカールームで『ツイていますか?』と聞くから、『ツイています』と答えてね。

帰りも同じだよ」

この問題児エンジニアは、「ツイています」という理由を考える過程で変身をとげ、素晴らしい開発者となったということです。

特にラッキーと思えるものが見つからない日は「生きているだけでもうけもの」と思えばどうでしょう。詳しくは『五日市剛さんのツキを呼ぶ魔法の言葉』（とやの健康ヴィレッジ）という講演筆録を読んでください。

道で転んでケガをし、「今日はついていない」とぼやく人もいれば、「この程度で済んでよかった」と感謝する人もいます。

シェークスピアは「世の中には幸福も不幸もない。ただ、考え方でどうにでもなるものだ」と見切っています。

積極思考のほうが楽しく長寿なのに、**人は一日に4万5000回後ろ向きの考えをする**そうです。人間の考え、つまり、日常われわれの脳裏を過ぎる反応の約80％はネガティブなのです！　マイナス思考は楽しくないし、エネルギーが奪われていきます。

失敗したときは、「ああ、いい経験ができたね。ラッキー」と受けとめる。多少腹が立つことが起きようと、「どうってことないや」「新しいことが学べたと感謝する」心の習慣を植えつけたいものです。それが、人生後半、特に厳しい老後を楽しいものにする「よすが」ともなります。

マイナス思考の癖はすぐには直りません。でもOKです。**後ろ向き、否定的な考えが浮かんでも最後に「でも今からは違う」「でも全然気にしない」とつけ加えてしまえば、それでいいのです。**

積極思考の推進者は数多くいますが、私は**中村天風**が素晴らしいと思います。シンプルでかつ実際的な教えは私たちの無意識にも働きかけるものです。日露戦争で活躍した人なのに最新の脳科学知識がしっかり織り込まれている感じです。『成功の実現』『盛大な人生』『心に成功の炎を』（いずれも日本経営合理化協会出版局）はぜひともお勧めの書物です。

もっとも、ときどき地に足がついていない積極思考の持ち主を見かけます。ポジティブシンキングはいいのですが、まったく自分のことが客観的に見えていない、周囲も見えていない。これではハタ迷惑です。客観視できる、つまり、マイナス面にも気がつきつつ、心はポジティブ思考を目指したいものです。

ショックを受けたときどうするか。深呼吸です。そして積極思考で切り返します。国民栄誉賞を受けた松井秀喜選手はヤンキース時代、骨折で戦線から離脱してしまったときがありました。

松井選手は当時を振り返り、「このケガをどうプラスに持っていけるか、そればかりを一生懸命考えていました」と述懐しています。プラス思考で、なお念が強ければ逆境に強いのです。

失敗や挫折の受けとめ方は、それを歓迎すること、寄り道・回り道も無駄ではないと思うことです。

ガックリきているときは、「ここから学べることは?」「この問題から得られるプラスの部分は何だろう？」と問い、プラス思考でショックを上書きする術の習得を図りましょう。

米国ではシニア向けの「積極思考講座」があると聞きました。友人が死んだ、物忘れが激しい、歩くと転ぶ、そんな状況にどう対応できるのか不安になりますが、今から積極思考を身につけておけばスマートにユーモアで切り返し、賞賛の的になるかもしれませんよ。

□ Check!

69 笑うことでウツを克服する

ハイスピード、多ストレスの現代社会にはウツが蔓延しています。また、加齢とともに体や知能の衰えを感じ、ウツ状態になる人も増えてきています。今のうちからその克服法をマスターしておきましょう。イギリスＢＢＣのドキュメンタリー番組でも放映された簡単な対処法をお知らせします。

まず、ＭＲＩ検査（左前頭葉中心）によってウツ状態にあると確認されたグループに対して、１カ月間次のことをするように命じます。

①一日少なくとも20分間、笑うかほほ笑む。

②毎日少なくとも20分間運動する。

③自宅や職場の各部屋にいくつも色つきの点（目印）を貼り、これを目にするたびに、肯定的な記憶、出来事、可能性について考えること。

1カ月後、被験者全員がより幸福感を感じるようになったと言い、MRIでのチェックでも全員の左前頭葉の顕著な活性化が確認されたそうです。

こんなシンプルな3つのことを習慣化しただけで全員が非常に楽観的になったというのですから驚きです。結果があまりに劇的だったので、BBCはこれを疑い、別の心理学者にMRIの機能に問題がなかったかチェックさせました。結果はノー。

それでもBBCは一時的な効果だろうと放映を6カ月延期し、再度MRI検査を受けてもらったところ、効果は維持されており、全員以前より顕著な幸福感を感じていたそうです。

私もきれいなシールを買ってきて家中に貼ってあります。手帳にはハッピーな記憶、大切にしている人たち、好きな風景などの写真が入れてあり、シールを見るたびにそのどれかを思い出して幸せな気分になっています。

私は笑うのが好きです。**笑いの学会**に参加したことすらあります。笑うとＮＫ細胞が活性化され、免疫力アップになります。だから心が軽くなるだけでなく、健康にもよいのです。

毎日20分笑っているかどうかわかりませんが、シールが目に入るたびにハッピーな気持ちになるので、自然とほほ笑むことにはなります。口角が上がるので、ルックスもよくなりますよ！

☐ Check!

70

瞑想、呼吸法、自己催眠を実践する

瞑想

ビル・ゲイツ、スティーブ・ジョブズ、稲盛和夫氏など、世界のビジネスリーダーたちの瞑想習慣はよく知られています。自己催眠のテクニックをマスターするのも有効です。

瞑想を定期的に行えば、「注意力、集中力、ストレス管理、衝動の抑制、自己認識」といった自己コントロールのさまざまなスキルが向上するだけでなく、脳はすぐれた意志力のマシーンのように発達するそうです（ケリー・マクゴニガル『スタンフォードの自分を変える教室』大和書房、50ページ）。

呼吸法

呼吸法にはいろいろあります。私が瞑想をするときの呼吸法は腹式で、鼻から息を吸いながらゆっくりお腹を膨らませて、息を止め、今度は、お腹を引っ込ませながら息をゆっくり細く口から吐きます。4つかけて吸い、7つ止めて、8つかけて吐く要領です。

最近お会いした有名な気功の先生によると、これは順腹式呼吸といわれ、リラックス効果がある由。逆に吸気のときお腹をへこませるのを逆腹式呼吸といい、気力や集中力アップの効果があるそうです。こうした呼吸法、瞑想を森林や緑の多い環境で行うと本当に気持ちがいいです。

自己催眠

10年ほど前に催眠術を習ったことがあります。睡眠の問題を抱えていたので、その克服のためだったのですが、同時に「自己催眠をかけることでマインドコントロールが図れれば、自分本来の能力を、潜在能力も含めフルに発揮できるに違いない」と考えてのことです。

習っている期間はよかったのですが、その後の練習不足で充分な成果は得られませんでした。けれども、絶対お勧めです。

意識の領域に比べて無意識のそれはより大きく、深く、確実に意識レベルに影響を与えているのが実感されます。

瞑想、呼吸法、催眠、すべて無意識領域、潜在能力に働きかけるものだと思います。

呼吸法とイメージングのコンビネーションはどうでしょうか。やり方はこうです。

「口からゆっくり息を吐けるだけ吐き、次に鼻から息を吸いながら、自分の意識を宇宙の根源みたいなものとつなげようとする」

そして、状況に合わせて「どうも細かいことに気をとられているな」と思えば山の頂上から見渡す景色を想像する。海辺のがけの上から見下ろす。光り輝く一面の海原をイメージする。

「何をつまらないことにくよくよしている」と、気持ちが切り替わります。

瞑想も少しずつでも継続すれば進歩が実感できるし、はっとするような綺麗な色が見えてきます。もっと進むと「**至福の時**」が味わえるそうです。

■お勧めの本
チャディー・メン・タン『サーチ・インサイド・ユアセルフ——仕事と人生を飛躍させるグーグルのマインドフルネス実践法』（英治出版）

□ Check!

71 呼吸法とイメージングでやる気を出す

西野流呼吸法

シニアの意欲低下の原因は前頭葉の委縮、動脈硬化、感動することが少なくなる、生きがいが見出せないなど、いろいろに説明されます。

西野流呼吸法の創始者西野皓三氏はもともと医学部出身。彼は私たち生徒相手に時々熱弁をふるいました。

「人はとかく勘違いをして、意欲は知的なもので頭だけで考えて出てくるものだと思っています。しかし実は、細胞レベルで感じる快感がきっかけになり、腸管内臓系および情動や意欲をつかさどる大脳辺縁系（扁桃核）との関連で、意欲は生まれてくるのです」

その**細胞レベルの快感、活性化を図ればエネルギーレベル、意欲が高まり、何事にも感動を覚えるようになる**というのが持論なのです。

細胞レベルでの活性化を図るため、西野塾では呼吸法を教え、指導員と「気の交流」を行います。気がスムーズに流れているとフッと体が飛ばされます。

柔道のオリンピック金メダリストである山下泰裕氏もすっ飛んだそうです。私は気が滞っているらしく、10年は通ったのに、反応は最後までごく控えめなものでした。

往年の名ゴルファー、ベン・ホーガンは、大事な試合のときはロッカールームで特にゆっくりと歩き、ゆっくり、ゆっくり靴の紐を結ぶと聞きました。ゆっくりすると集中力が増すし、なぜかエネルギーが貯まってくるそうです。スローダウン効果とでもいうのでしょうか。

イメージング

最もカッコイイ自分をスクリーン上に映してみるという手法もあります。

自己啓発分野で著名な催眠学者でもあるポール・マッケンナ博士が、**なりたい自分に近**

づく方法を伝授しています。これはうまくやれば気力充実法に応用できます。

方法は以下の通りです。

「まず理想とする自分をイメージングする。エネルギーに満ち溢れている、愛情豊か、気持ちが落ち着いて晴れやか、次々と新しい発想が湧く、勇気がある、気前がいい、実行力がみなぎっている……何でもいい。そんな自分をしっかりイメージングさせ、自分の目の前のスクリーンに映し出す。

イメージに色をつけ、音を入れるなど、なるべくリアルに描いた理想の自分なら、どんな気分か、それを味わってみる。何回も何回も。

次に、そんな自分になったつもりで朝の目覚めはどんな気分か、仕事をしているときは、家に帰ってからは、どんな心持ちでどんなことをするかなど、日常に落とし込んで練習してみる」（Paul McKenna, I CAN MAKE YOU HAPPY, Transworld Publishers）

日々なるべくその気分を保持するようにとマッケンナ博士は述べています。

□ Check!

72 意志の力を強くする

先にご紹介した、『スタンフォードの自分を変える教室』。この本は、脳科学、心理学など多方面に造詣の深いケリー・マクゴニガル教授が意志力の科学者として、自らの授業をもとに書いたものです。

「**意志力を磨けば、人生が変わる**」と提唱する同氏の実践的意志力強化法のいくつかをご紹介します。

①衝動が起こったとき、それを感じている自分の体がどう反応しているかを1分、観察します。さらに、気をまぎらわすなどして10分我慢してみます。呼吸をゆったりする

のも効果があります。（『スタンフォードの自分を変える教室』３３０ページ、２４２ページ）
②小さくても自制心を要すること（姿勢をよくする）などを継続して行った場合、意志力が全般的に強くなります。（１１１ページ）
③選択をするとき、自分が何をしようとしているかを意識し、実行するのがたやすいことより困難なことを選択します。（１１３ページ）
④自制心を発揮したいと望むなら、それに失敗した場合の自己批判は有害で、誘惑に屈してしまった自分を許すことが大切です。（２２３ページ）
⑤5分間でも定期的に瞑想したり呼吸を遅らせると、脳は鍛えられ意志力が強化されます。（52ページ、74ページ）

意志力は筋肉と同じで、使わなければダメになるそうです。前記の強化法はきっと将来役立ちます。当然のことながらエネルギーに溢れている、強い望みや信念があるとき、意志力は強くなります。

□ Check!

73 夢を書いて実現させる

ホームレスから日本初、最大級のQ&Aサイト「OKWave」を創立、さらに上場まで果たした兼元謙任氏と、同じラジオ番組に出演したことがあります。

兼元氏は毎朝30分かけて**「成功シート」**を記入することを習慣にしているそうです。中長期や短期の目標、基本方針を再確認する意味で自分の手で綴り、それを成就させるためのその日の行動を詳細に書き込む。そうすることで毎日決意を新たにできるし、潜在意識（自律神経）に働きかけ、その応援を受けることで力が倍増するとのことです。

以前私が通った自己啓発講座は多少宗教めいていましたが、やはり毎日このような目標設定の書き込みを義務づけていました。

ＧＭＯインターネットの代表取締役会長兼社長の熊谷正寿氏は高校を中退後、20歳のときに自分の夢を手帳に書き始めます。

その大目標は「35歳までに自分の会社を設立し、上場させる」というもの。そのための毎年の具体的目標を書き込んだ**夢手帳**をつくりました。仕事上のことだけでなく、健康、教養、心・精神、家庭、経済やお金といった各分野でそれぞれの夢を設定し、毎年の具体的な数値目標を挙げているのです。

「**夢があるところに行動がある。行動は習慣をつくり、習慣は人格をつくり、人格は運命をつくる**」と信じ、手帳を常に持ち歩き、トイレでも眺めては夢を潜在意識化させていったそうです。実際、熊谷氏は目標通り35歳と1カ月で上場を果たしています。

「**引き寄せの法則**」という言葉をよく耳にしますが、面白いもので、目標を設定しその成功を確信すると不思議なパワーが出てくるように思えます。目標成就に必要な人を招き寄せる力、耐える力、幸運を引き付けるパワーなどでしょうか。

偉大な起業家、発明家、何かを成し遂げた人、皆それぞれ自分の目標を設定し、その成就や成功を固く信じて努力し続けた人たちです。

普通の人にとっても有効です。私自身、毎日ではないですが、やっています。健康の習慣と一緒に当面の目標など書き込みます。するとそれにふさわしいメンタリティになって、心が臆しなくなります。

□ Check!

74 特別なことはなくてもワクワクする

特別なことはなくてもワクワクする方法が3つあります。

①自己催眠をかける
②大いに感謝する
③他人に親切にする

明日死ぬかもしれません。今日、精一杯楽しく生きる術を身につけたいものです。もちろん、自己催眠でワクワク感をつくり出すのも一つの方法です。

「ハッピーノートに今日あったいいことを書き、感謝する」、それと**「人に親切にする」**

が習慣になるよう心がけましょう。ある研究によれば毎日1回以上誰かに親切にすると、自分自身の幸福感が高まるそうです。

第４章のまとめ

□自分の体は自分で守ると決意する

□自分の体が発するメッセージに耳を傾ける

□どうしたら健康に関する情報が得られるか調べておく

□自分に合った治療法を検討しておく（西洋医学、代替・補完療法）

□以下の健康によい習慣を実践する

●食事　：　一口最低でも20回噛む。バランスのよい食事を控えめに。終わったら「おいしかった！」と言う

●運動　：　体のため、ボケないために毎日1万歩を目標に歩く。

●定期的に人間ドックを受け、自分の体の弱点を知って生活習慣を改める。

●歯磨きの徹底（歯ブラシを45度に傾けて、1カ所につき10回以上）。

●姿勢を正しく、座るときは背中を骨盤の上にのせ、背筋を伸ばす。

□何があってもまず「ラッキー」と言う

□失敗したら「これをどうプラスにもっていけるか」考える

□できるだけ笑う、ほほ笑む、目印を貼り、それを見るたびに楽しいイメージを膨らませる

□瞑想を習慣化する

□毎日一つ以上誰かに親切にする

□潜在意識の応援がもらえるように、目標などを毎日書き綴る

第5章

親と自分の老後のために準備しましょう

親が、生まれてくる子どものために育児書などを読んで勉強したように、あなたも「老い」について学習してください。この章では、老い、そして終末を迎えるまでの過程でどのように親を見守り、手助けすることができるかを検討します。

親の老後を見守ることとは、自分の人生の意味、家族、血筋というもの、大げさにいえば人類そのものに想いをはせる機会ともなるでしょう。「なぜこんなに介護に時間をとられるのか」「なんで自分が」と嘆くこともあるでしょう。でもあなたのことを子どもはしっかり見ています。きっと、老いたあなたに子からのご褒美がくるのではないでしょうか。

親のためのシニア情報集めは、将来あなた自身の助けになること請け合いです。

また一人暮らしの注意事項についても一緒に考えてみましょう。今や一人暮らしはメジャーな存在なのですから。

□ Check!

75

歳をとった親の心理にセンシティブになる

- バカにされたくない、落ちぶれたと思われたくない
- 自分で意思決定したい
- お金がなくなったときの恐怖
- 健康や知能の衰えに対する不安
- 介護、死に対する恐怖
- 迷惑をかけたくない
- 自分の生きた証を遺したい

親の老後に対して、まずは**シニア独特の心理にセンシティブになりましょう。**

第3章でも書きましたが、「なんで合理的な判断ができないのか」など苛立つことが多くなるかもしれません。でも歳を重ねると、朝目覚めて「ああこれでまた一日お墓に近づいた」と感じたりするものなのです。

ちょうど赤ちゃんと反対で、できることが徐々に少なくなってくるのです。記憶が定かでなくなるし、徐々に感覚が衰えてきます。

「目の見えが悪くなった。人の言っていることがよく聞こえない。匂いがしなくなった。味もわからなくなった」

となると、心情にも微妙な影を落とします。

私の母は、晩年ほとんど目が見えなくなっていたのですが、「メモはよく見えないから皆憶えているの」とすらすら年月日を言うので、「何の日付?」と聞くと、「もちろん亡くなったお友だちの命日よ」。

ハッとしました。仲よしがどんどんあの世に行ってしまう心境は、私にはまだ実感が湧きません。

でも私の母への尊敬の気持ちは彼女が老年を迎えてから却って強くなった気がします。

よく年寄りが強がりを言います。恐らく、「バカにされたくない」とか、他人に対しては「落ちぶれたと思われたくない」という気持ちの裏返しの故ではないかと思います。**本当は、嘘でもいいから優しい言葉をかけてほしい**のです。介護状態になり皆に迷惑をかけたら大変！　認知症になったらどうしよう……。死に対する恐怖も含め、これらの不安と闘っている親の気持ちにセンシティブになりましょう。

最後まで自分で意思決定をし、自分らしい最期を迎えたいと望む一方、なかなか肉体は思い通りにならず、ともすれば気折れてしまいます。こんな事情を慮って、一方的に押しつけるのではなく、時間をかけて「どうしたいか」問いかけ、あるいは「この2つの案ならどっちがいい？」と、本人が決定するように持って行くほうがいいと思います。

叱咤激励ではなく、気持ちを分かち合って「共感」する態度で臨みます。

歳をとると自分の生きてきた証を遺したいという思いが強くなります。**どんな生き方をしてきたのか想い出話を聞き出し、それを受け継ぐという子の姿勢は安心感を与える**はずです。

自分が役割を果たした、命のバトンを絶やさなかったという実感が持てるからです。ここでいう「子」とは、必ずしも自分の子とは限らず、むしろ世代といってもいいかもしれません。

□ Check!

76 親が必要とする情報を集める

自分は親のために何ができるでしょう。パソコンやスマートフォンを使いこなせない親は多いはずです。また、気力が十分でなく、調べるのが面倒になっているかもしれません。関連情報を探し出してあげるくらいなら無理なくできるのではないでしょうか。

たとえば、**自治体が高齢者に対して行っているサービスを調べる**ことです。無料か廉価なコストでサービスが受けられることがわかるでしょう。可能なら同行しましょう。

まずは地域支援包括センターあるいは自治体の窓口へ。将来、要支援・要介護認定の申請をするときもお世話になる場所です。

得た情報は兄弟も含めた家族で共有します。困ったときは「民生委員へのコンタクト」も親の頭に入れておきます。

何か具体的に困っていることがあれば、まずは相談してみることです。足が悪くゴミ出しに行けない、介護認定申請中だが家事援助が必要だ、などなど。自治体サービスの有無、料金などを調べてみましょう。無料のものもたくさんあります。

自治体が関与しているサービスは自治体により、また介護認定有無により異なりますが、たとえば以下のものがあります（286ページを参照してください）。

- 給食サービス
- みまもりサポートサービス
- 緊急通報システム

民間のサービスではさらに新しいものがどんどん登場しています。

この章全体で扱うテーマについて、あなたが調査部となって情報提供をしてあげれば、きっと親子の対話が増えるでしょう。

理想的には親自身のイニシアティブで調べられるようになること。できたら調べる意欲を持ってもらえるよう、誘導してください。

そのためにはパソコン設置の手助けをし、パソコンに問題が発生したら救急出動を請け負ってあげましょう。

情報は親に引き出してもらうとして、念のためにそれが適切かどうかチェックしてあげる。そのような体制が組めたらいいですね。

私が世話人をしていた、故・日野原重明先生提唱の「新老人の会」では、90歳の会員たちもiPadの使い方を学び、日本全国、海外にもいる会員同士のコミュニケーションにチャレンジしています。iPadの音声認識を利用すると入力がすごく簡単だと好評です。

「あまり出歩けないシニアにこそ安全を確保したＳＮＳは有用」だと思います。

「スマートシニア・アソシエーション」で検索してください。

☐ Check!

77 親についての基礎情報を家族で共有する

親には、**氏名、緊急の連絡先3カ所、それに以下の基礎情報**を持ち歩いてもらいましょう。

血液型／持病／主治医（かかりつけの病院）／服用している薬／アレルギー情報
場合によっては終末期治療に関する情報

親が倒れたとき、どこで誰がどう介護するのか、合意はできていますか？　介護が必要になったときはどうするのか、即対応できるよう親や兄弟との話し合いも必要となるでしょう。

倒れてからでは遅いのです。介護の基本姿勢については、親の意見を聞きとった上で、家族の基本的スタンスを決めておく必要があります。

ともかく、何事につけ、親、兄弟たちとの話し合いが大切です。日常生活、介護などで不安を感じることがあったら、地元の地域包括支援センター、社会福祉協議会、自治体の介護担当部署に電話するなど、情報を得た上での共有が大切です。また親が倒れた場合は兄弟間で誰が病院や医師との窓口になるのか、ケアマネジャーとの対応は誰がするか、決定した上で全員の情報共有が緊要となります。

２０１６年に厚生労働省が試算した「健康寿命」は男性72・14歳、女性74・79歳。**平均寿命をもとに考えると、平均で男性9・11年、女性で12・53年は介護や医療の世話になることになります。**

この最後の部分に、家族としてどう立ち向かうのかが一番問われるのです。

□ Check!

78 「生きる意欲」を持ってもらう

親が元気なうちは、仕事、ボランティア、あるいはのんびり人生を楽しんでもらえばいいのです。しかし、それも時間の問題で、最終章に近づけば否応なく子として直接看護や介護に直面することになります。

育児と介護、一見違っているようで似た面がたくさんあると思います。

子どもの先回りをしてよく面倒をみる。何かほしいものがあればすぐ買い与える。失敗したら「かわいそうに」と親が後始末をする。**そうして育てた子どもは生きる意欲に乏しいダメ人間になるのがオチです。**

同様に、「あぶない」「苦労させたらいけない」と老いた親に過保護な世話や介護をしたらどうなるでしょうか。間違いなく、**「生きる意欲」を奪うことになってしまい、結果、ダメシニアをつくる**ことになるのです。

ある会合で、小山（大浦）敬子医師とお会いし、著書『介護がラクになる「たったひとつ」の方法』（サンマーク出版）をいただきました。

この本の中で小山氏は、「人間は最期まで、たとえ介護が必要な状態であってもモチベーションを持ち続けて生きるということは可能なのです」（12ページ）と述べ、介護をラクにする「たったひとつ」の方法は高齢者に「生きる意欲」を持ってもらうことだと述べています（20ページ）。

夢のみずうみ村代表、藤原茂氏の話を聞きました。感動的でした。

山口市の施設ですが、バリアーだらけ、障害物だらけの施設にワザとしているそうです。そうしたほうが、「生き残るために高齢者みずから力を発揮しようとする」ようになるからです。毎日のプログラムは、自分でやりたいものを選び、役に立つことをやれば「ユーメ」という施設内通貨をもらえます。

こうして、意欲ある、自己意思がある、感情豊かな人づくりを目指しています。ここのデイサービスはすこぶる盛況で、遠くからわざわざ通う人がいるほどだそうです。普通のデイケアとはまったく異なるコンセプトですが、私がまさに子ども教育で提唱しているアプローチです。


反して、「お母さんは何もなさらなくて大丈夫ですから」といった**手厚い過保護は認知症を招いているようなものです。**生きがい、友だちづきあい、運動を心がけつつ、あとは這いつくばってもトイレに行くくらいの気迫がないともちません。私たちの先祖も皆そうしてきたのです。

なるべく**意欲ある、意義を感じる生活を親ができるよう手助けする、見守る。それを老いた親への基本的スタンスにすべき**だと私は強く思います。それには親のことをよく知っていなければなりませんね。

あなたの親にとって「意欲のもと」は何でしょう。仕事、ボランティア、宗教、孫、趣味、勉強でしょうか？　得意なことは何でしょうか？

☐ Check!

79 親のお金の問題を気づかう

死ぬまでお金がもつかどうか、第2章で検討しましたね。親はどんな状況になっているでしょうか。お金はもつでしょうか。医療や介護の不安を抱えていませんか。充分な資産がある人は相続に頭を悩ませているかもしれません。親の金は親のもの、それを念頭に置いた上で、手助けできることがあれば役に立ちましょう。

第2章でも、私たち日本人には資産のことをフランクに話せない傾向があると述べましたが、それが悲劇を呼ぶこともあるのです。

お金に困って、公的な援助や融資などの道を探ることなく、年金を担保にお金を借りてしまったりする人がいます。そのため年金をフルにもらえず、生活費に困ったあげく高金利をむさぼる偽装質屋の犠牲者となる人が問題が取りあげられましたね。子に迷惑をかけたくない、知られたくない、人に話すのは恥ずかしいという気持ちが背後にあります。

大事に至らないうちに、思い切ってお金のことを普通に話せるようにしておきましょう。

年金だけでは生活が非常に厳しいが、貯金や不動産はある。なのにその資金を取り崩すのを嫌がる人がたくさんいます。生活をストック（資産全体）で考えるのではなくフロー（現在の収入と支出）で考える日本人の心理も影響しているのかもしれません。投資効率は悪いのに毎月分配型が好まれた理由もこのあたりにありそうです。

親にはもっと合理的に考えるようアドバイスしたらどうでしょう？ そもそも何のためのお金か。自分がしたいこと、することに使うためのお金ではないでしょうか。

しかし、取り崩すときは毎年いくらと額で決めるより、資産の何パーセントとしたほうが投資の目標利回りが立てやすくなります。

たとえば、１０００万円ある人が毎年30万円くらい足りないとすれば、資産の３％を取り崩すと決めるのです。資産の運用利回りが３％になれば資金は枯渇しないで済みます。

ご自分のお金の問題もお忘れなく。介護で仕事を休んだ場合には雇用保険から「介護休業給付金」として賃金の67％が支給されます。93日を限度に3回までに限り支給されます。親を気づかうあまり自分の生活が立ち行かなくなってはとも倒れになってしまいますからね。

☐ Check!

80 保険について把握しておく

公的保険を含め、保険を熟知しておけば、親のサポートに役立つだけでなく自分の生活のリスクヘッジも得意になります。

さて介護を受ける必要が出てきたとします。

要支援申請、**要介護申請**を住民票のある市区町村の介護保険担当窓口でします。具体的にどの程度の支援や介護が必要か、訪問調査が行われます。主治医からの意見書が出され、一次判定、二次判定を経て要支援度、要介護の認否や段階が原則申請から30日以内に通知されます。

認定度に応じてどのようなサービスが保険の範囲内で受けられるか、ケアマネジャーにより作成されるケアプランをじっくり検討する必要があります。

家の改修、また福祉機器を購入・レンタルする際にも、場合によっては介護保険が使える（介護保険では介護ベッドや車いすなどの福祉機器は対象になりますが、吸引器や吸入器などの医療機器は対象外）など、「できること」を把握しておきましょう。訪問介護、デイサービス、ショートステイなどにも詳しくなっておきます。

公的な介護保険だと個人の支払いは原則は1割ですが、収入の額に応じて2割或は3割の自己負担になります。

民間介護保険に入っているか、介護特約や介護前払特約などをつけているかどうか、親のかけている保険があれば、どんなサービスを受けられるか、内容を把握しておきましょう。

高額な医療費がかかったとき、一定額以上は**高額療養費として給付されます**。また、**高額医療・高額介護合算療養費制度**を利用すれば、医療費と介護費を世帯合算して自己負担上限額を超えた分は支給されます。過度の心配はしないように。

あなたの家では親の医療費・介護費が世帯合算できるかどうか、そのほうが得か調べましたか？

先進医療保障付きの保険、介護の相談ができ、ケアについてのセカンドオピニオンがもらえる保険などへの加入を検討しましたか？

医療・介護費の支払いが厳しい場合、**介護特約や介護前払特約での給付が可能か、民間保険からの貸与**（解約返戻金次第）が受けられるか調べましょう。また余命あと6カ月と診断された場合、死亡時と同額の保険金を受け取ることができるかどうか（リビング・ニーズ特約）チェックしましょう。

□ Check!

81 成年後見制度や支払い補助サービスを知る

認知症などで判断能力が衰えてしまった場合（あるいはその心配に備えて）、家族や専門家が後見人となり、支払いを行ったり契約を締結したりする制度です。

相続に必要な遺産分割協議書への調印がきっかけとなって利用を始める人が多いようです。

成年後見制度

- **「法定後見契約」——判断能力が衰えてからの締結**
- **「任意後見契約」——判断能力があるうちに締結**

利用にあたっては費用が問題となるでしょう。弁護士や司法書士事務所に問い合わせてみると、専門家に依頼した場合は、条件にもよりますが月2～6万円ほどのようです。タダだからと身内を後見人に指定しても家庭裁判所で認められるとは限らず、またその監督下におかれ、種々の制約、それに伴う費用の発生の問題もあります。

後見人が弁護士などの専門職でなく親族であるケースは減少しており、約26％です。詐欺のケース、親が高級老人ホームに入ると相続分が減るとケチるケース、子一人が後見人になると他の兄弟から文句が出るなどのトラブルが報告されています。

弁護士や司法書士などの専門職は利害関係の面からは望ましいのですが、やはり詐欺事件は起きています。それで、大口の資金を信託銀行に預ける後見制度支援信託制度を利用する人もいます。

日常的な支払いをするのに必要十分な金銭を預貯金などとして後見人が管理し、通常使用しない大口の資金を信託銀行などに預ける仕組みです。デメリットとしては、ときに大きな金額を必要とする医療に素早く対応できないこと、費用がかかることなどが挙げられます。

いずれにせよ、後見人を立てると「生前贈与」などできなくなる行為が出てきますので慎重に見極める必要があります。

昨今はより自由度のある「家族信託」の利用が増えているようです（330ページ参照）。


成年後見制度以外にも、あるいはそれと重複して支払いや見守りサービスをしてくれるところが増えています（たとえばNPO法人きずなの会など）。具体的に何をしてくれるのか、評判などを確かめてから申し込むことが大切です。

自治体など地域限定のものもたくさんあり、また社会福祉協議会が運営している「**日常生活自立支援事業**」では、通帳や金銭の管理などの金銭管理サポートを低料金で行ってくれます。ただし、あくまで日常生活に関してで、大きな資金を預かったり、契約に関与したりすることはできません。

■後見制度等の相談窓口
●法律問題でどこに相談したらいいか↓「法テラス」0570-078-374

●成年後見センター・リーガルサポートや日本社会福祉士会の「権利擁護センター　ぱあとなあ」では後見制度の相談受け付けや、後見人の紹介などの支援を行っている

□ Check!

82

介護サービスについて調べる

介護保険制度の介護サービスはもちろんのこと、まずは**自治体が実施しているサービスの詳細、料金の有無をチェックします。**自治体の窓口や地域包括支援センターで情報を得ましょう。

「**自治体の地域支援事業**」の対象とならないか調べましょう。炊事ができない、ゴミ出しに困っている、一人暮らしなのでいざ倒れたときが不安などの悩みごとがあったらまずは自治体に相談します。

たとえば緊急通報システムの一環としてペンダント型の緊急ボタンの支給、食事の宅配と見守り訪問を兼ねたサービス、紙おむつの給付など、自治体によりさまざまです。

低額の料金で有償ボランティアのサービスを受けるという手もあります。有償ボランティアサービスをネットワーク化している社会福祉協議会は有力な情報源です。

判断力、その他の能力に問題があっても、他人に迷惑をかけずその地域で安心して生活してもらえることを自治体も望んでいるはずです。何か問題がある場合はともかく相談してみることです。

次に民間のサービスを調べます。なにせハイテク国の日本ですので、どんどん新しいサービスが提供され始めています。こまめにチェックしましょう。

以前は、センサーといえば対象者が起きて動き回っているかどうかのチェックでした。たとえば電気ポットやガスの使用量、冷蔵庫の使用頻度でチェックして子どもに通知するなどが定番でしたが、今ではもっと高度な様々なセンサーが開発されているそうです。

基本は日常生活に支障が出ないような措置を整えておく手助けであり、緊急時の対応です。もちろん自分でもなるべく頻繁にメールしたり電話したりするようにしましょう。順次、ケアマネジャー、隣人、友人、地域の福祉サービスの人たち、主治医などと顔見知りになって親の現況を把握しましょう。また、終末医療などに関する希望が伝わっているか確認しておきたいところです。

□ Check!

83 在宅介護の準備をしておく

いよいよ介護が必要な状況となったとき、いろいろなオプションがあります。介護付きの施設に入る、もしくは在宅介護を選択するか。一人暮らしでも訪問介護で切り抜ける人もいますが、多くの場合は家族の誰かが介護にあたります。

具体的に誰が介護しているのか？　約59％が同居している人（配偶者25％、子22％）です。子の配偶者は10％未満で、お嫁さんはあまり当てにしない方がよさそうです。

昨今は男性の介護者も増え、3割強です。しかし具体的にどのくらいの時間を介護にあてているかの問いに対しては「ほとんど終日」の割合は男性3割に対して女性は7割にもなっています（厚生労働省 平成28年国民生活基礎調査「介護の状況」）。

要介護状態になった親を自分の家に引き取る際はもちろんのこと、**親の家で介護する場合も配偶者との話し合いが必要**ですね。生活が激変しますから。

在宅で介護する場合、まず自治体の担当部署、地域支援包括センターに行き情報をもらい、ケアマネジャーが決まったら、各種サービスをどう利用することができるかアレンジする必要が出てきます。在宅訪問サービス（定期巡回と随時）をどう利用するか、デイケアを利用するかどうか、などなど。

自治体が提供するサービスに加え民間企業が提供するサービスも超高齢社会に対応して内容はどんどん豊富になっていくでしょう。

人件費の安いタイやマレーシアなどの東南アジア諸国に介護移住する人もいます。「日本だと同じ病院にずっといられず、たらいまわし。家で看ているのでもうヘトヘト」、人件費の安い海外なら年金生活者でも人手を使えるので助かるというわけです。

在宅介護は、家族にとっては大変ですが、自分なりの介護が可能になります。家族全員でどんな介護を目指すか話し合いましょう。

高齢者にもできることは自分でしてもらい、過保護・過介護にならず、シニアができることを支援する、する側もされる側も「意欲が持てる」ような介護、双方が幸せになる介護……というのは理想論にすぎないでしょうか。

介護の古典、『ケアの本質――生きることの意味』（ゆみる出版）の著者ミルトン・メイヤロフ氏は、序文の中で、

「一人の人格をケアするとは、最も深い意味で、その人が成長すること、自己実現することを助けることである」

「他の人々をケアすることを通して、他の人々に役立つことによって、その人は自身の生の真の意味を生きているのである」

と述べています。

■介護、医療などの助けになる情報を得るには

●WAMNET（ワムネット）

●介護110番

●健康長寿ネット

●電話相談——認知症110番

●NPOささえあい医療人権センターCOML

●公益財団法人日本訪問介護財団

●男性介護者と支援者の全国ネットワーク

●契約している訪問介護ステーションに聞く

□ Check!

84 介護ハッピーノートをつける

介護者は、特に長期化するにつれ不安や厳しい生活でウツになりやすいので、第4章で訓練した積極思考に磨きをかけ、さらに介護ハッピーノートにチャレンジします。

介護でハッピーだったこと、その他の生活でハッピーだったことを書き出すのです。初めは難しいでしょう。でも日々の生活でよかったこと、幸せだったことを探すうちに、介護で嬉しかったことも見つけられるようになります。

「**自分だけで抱え込まない**」がキーポイントです。前項末の電話相談を役立ててください。介護の悩みを語り合う会、家族の交流会を行っている市町村も増えています。

また、具体的に、どう重い人をベッドから椅子に乗せるかなど、介護のスーパーテクニックを学んでみたらどうでしょうか？　「介護アドバイザー青山幸広が教える、楽ワザ介護術。」のサイトを検索してみてください。ほんの少し学ぶだけで、大きな人を車いすへ乗せるなども簡単にできるようになるということです。

☐ Check!

85 認知症について理解しておく

認知症になってもその人の人生は終わっていません。当事者が実情を認識しているのか、いないのか、それもまだはっきりとは解明されていません。

私の友人でもある精神科医の黄舜範医師は認知症に関してはまず「**中核症状**」と「**周辺症状**」を分けて考えることが大切だと述べ、後者の周辺症状（以前は問題行動と言われた）はストレスによって起きるので各種セラピーを試みるのも有用とアドバイスします。認知症に関しての知識を得るには放送大学、県の認知症サポーター講座などがあります。

認知症の人の増加は顕著となっています。認知症（462万人）と軽度認知症（400万人）

とその予備軍をあわせると、２０１２年の段階で65歳以上のなんと４人に１人が認知症あるいはその予備軍になっていることになります。

私は、小川眞誠氏が開発した「心身機能活性運動療法」のビデオを見て、３カ月くらいで認知症やその他の心身障害が著しく改善していく様子にびっくりし、指導士の資格を取るセミナーに参加、実習も行い、２級指導士の資格をとりました。具体的な手法は小川氏近著『認知症・うつ・脳卒中の改善…３カ月で笑った！立った！話した！歩いた！　心身機能活性運動療法』（小川眞誠編、コスモトゥーワン）に書かれています。

小川氏が認知症や重度の脳性まひの人に接する姿勢を見ての印象は、「言葉やボディランゲージを通して、その人の魂に触れようとしている」でした。だから、どんな状態の人ともコミュニケーションは図れるのだと感じました。

認知症になった場合の不安感を理解しましょう。「財布を盗られた」「ご飯を食べていない」などの被害妄想が出てくると、周りの人間はもう嫌になってしまいます。家族は騒ぎが起こらないよう、余計に何もさせなくなってしまいます。

が、前述の小山敬子氏は、「認知症患者高齢者にも『明日があるさ』と思うときの感覚を呼び戻してあげたい。何かをやりたいという意欲を持てば症状はよくなってくる」と言います（『介護がラクになる「たったひとつ」の方法』160ページから要約）。

具体的には、本人が得意なこと、たとえば仏壇の世話、ぞうきん縫いのボランティア、勉強をするなどを推奨しています。小山氏は「大人の学校」の提唱者でもあり、認知症高齢者でも成果を上げているそうです。

■認知症についての情報源

●専門医

●公益社団法人認知症の人と家族の会

●認知症110番（認知症予防財団）

□ Check!

86

一人暮らし体制を整える

独身人口の増加、配偶者との離婚や死別、そして高齢化により、**一人暮らし世帯数はますます増えています。**２０１０年に初めて3割を超え、２０４０年には約4割に迫ると予想されています。

あなた自身が一人暮らしであるかもしれませんし、親が一人暮らしかもしれませんね。どんな点に注意したらいいでしょうか。

一人暮らしは病気やケガのときなど特に困ります。鍵を預けられる、買い物を頼める、食事をつくってもらえる人はいますか？

入院時の保証人も必要なら、あなたの口座から入院費などの振り込みを誰に頼むか、通帳の管理はどうするかなどなどの心づもりをしておかなくてはなりません。夫婦世帯以上の自衛策が必要ですし、**互助システムをつくっておきたいものです。**

たとえば、「単身けん」（ひとりで生きるために、単身者の生活権を検証する会）は1990年に設立され、定例会の開催、会報の発行を通じて単身者のリスクや生きる知恵に関する情報提供をしています。

単身者用のサービスもあります。「おひとりさまでもだいじょうぶノート」は、死後の遺品の仕分けや清掃などを請け負うキーパーズが無料で配布しています。

親の分と2セット取り寄せて参考にしてください。かかりつけ医、緊急連絡先などの記載は271ページを参考に用意しておきましょう。

男性は特に注意を――互助制度を利用しよう！

女性の得る給料は男性の7割程度。しかも非正規雇用が多く、何かと心配です。なのに、男性より6歳長生きし、また男性に比べて要介護期間も長いのです。確かに、一人暮らしの高齢女性の経済的状況には厳しいものがあります。２０３０年には未婚高齢女性の貧困率が約４割に達するだろうとする恐ろしい分析もあります。

ところが、現状は**男性の一人暮らしのほうが問題が多い**ようです。一般的に男性は自炊ができない、地域との接触がない、周りの人に援助を求めることを潔しとしない、人との関係をつくるのが苦手、自分のことを話さない、経済的に余裕がないと気が引けてしまうなどの傾向があり、それで心身ともに追い詰められてしまうようです。日本にはお金がないと遊ぶ場がないという事情もあるかもしれません。

ともかく、孤独死をする人、外に派手にゴミを積み重ねるゴミ屋敷の主はほとんど男性です。約2万人の自殺者のうち約70％が男性です。

あなたの父親が一人暮らしをしていたら、親の友人や隣人に「ぜひよろしく」と声をかけておきましょう。

男性で孤独死をする人、ひきこもる人の特徴は以下のようなものです。

- 挨拶しない
- 料理しない

●ゴミ出ししない
●外へ出ない
●人と会うのが不得手（怖い）

対して女性は、キャリアウーマン時代から家族や親族との絆に特に注意を払ったり、互助体制づくりにいそしむのは得意なようです。

地域とのつながり意識も強いようで、内閣府の調査によると、震災後に強く意識したこととして、「地域とのつながりを大切にする」があげられているのですが、各世代にわたり、女性のほうがその意識が強かったと報告されました。

おひとりさまサポートをする特定非営利法人エス・エス・エスがあります（NPO法人SSS）。宿泊施設もあり、就職相談などあらゆる相談に乗ってくれるそうです。

女性でも人との接触が少ない人は問題です。一人暮らしの女性を襲う「接触欠損妄想」を発症すると、「誰かが貯金通帳や衣服を盗っていく」などの妄想に駆られるそうです。

随分以前になりますが、我が家の家事を手伝ってもらっていた人も、絶えず「帰りに誰かに後をつけられています」「家に帰ると障子やふすまがズタズタに切り裂かれているんです」と言い続けていてびっくりしたものです。人との接触が増えると、この妄想は消えるのだそうです。

□ Check!

87 いざというときのために準備する

新たな伴侶を求めるなら、中高年専門の照会所「茜会」や楽天グループのオーネットスーペリアなどがあります。親が80歳で結婚したいと言い出したら祝福できますか？

ともかく、男性も女性も一人暮らしの場合は心して親戚とのつきあいを密にしたり、地域のイベントへこまめに顔を出しましょう。「いざ」というとき、きっと役に立ちます。

特に**単身者は血液型、かかりつけ医、緊急時連絡先などの情報を常に携帯しましょう。**誰も家まで取りに行ってくれる人がいないのですから、健康保険のコピーも必要ですね。

カギをどこかに忘れて家に入れないなどということのないよう、鍵を持ち合う人を探しておきます。親にも勧めましょう。

また、一人暮らしの場合は特に自分の終末期医療に関して、しっかりと主治医、家族、友人などに伝えておいたほうがいいですね。スパゲティのように管を張りめぐらされてからでは意思疎通は難しいでしょうから。

「いざときノートおひとりさまの安心手帳」（スリーエスネットワーク）はいざというとき必要となる情報をまとめておくのに便利ですし、エンディングノートとしての機能も果たします。

エンディングノートは親に勧めるだけでなく、自身もなるべく早く書き始めてください。

どこに資産があり、誰に渡したいのか明記します。生命保険をかけていたのに家族に知らせていなかったため保険金を受け取らなかった、ではなんのための保険かということになります。相続に関しての遺言も必要です。兄弟には遺留分がありませんので、子がない場合はすべて配偶者に遺すこともできます（遺言があっても相続人には相続財産の一定割合の相続する権利（遺留分権）があるが、兄弟姉妹にはその権利はない）。

遺言執行人は指定してください。

そして、万が一認知症になったとき、誰かに言ってもらわなければ自分ではそうとわからないかもしれません。

経済的に許されるなら、早くから司法書士や弁護士事務所などと**「任意代理契約」「任意後見契約」「遺言書」**を完備しておくと安心です。任意代理契約を結んでいれば判断能力がある状態でも身上監護や財産管理を行ってもらえるので、入院時の心配がなくなります。「任意後見契約」「家族信託」もオプションです。

昨今は、見守りから身元保証、入院時の世話、お金の管理、葬式の手配、遺品整理まで包括的に引き受けてくれるサービスが出てきています。信頼できるところが地域にあれば一括で頼むのもいいでしょうし、またいろいろなところを組み合わせて依頼することもできます。

単身者にとっては、特に家族がいない場合、賃貸契約、入院時、医療行為への同意、高齢施設への入居、いずれの場合も**身元引受けや身元保証をどうするかが問題になります。**

これらのサービスを提供してくれるところは、前述の機関のほか、ＮＰＯ法人「りすシステム」などいろいろあります。

住まいに関しては保証人を必要としない物件がありますし、保証サービスを提供してくれる会社もあります。また、一般財団法人高齢者住宅財団の「家賃債務保証制度」を利用すれば、家主と財団が契約し入居者が一定の保証金を負担することで財団が連帯保証人の役割を代行します。

Check!

88

親が老後どこに住むか考えておく

老後の住まいについては第3章でも触れましたが、ここでは高齢者の住居一般について考えてみましょう。

老後はどこでどんな暮らしを希望しているのか、そのための資金準備はできているのか、親の考えを聞いていますか？

自宅、子と同居以外に、サービス付高齢者住宅（サ高住）、有料老人ホーム、グループホーム、特別養護老人ホーム（特養）など、さまざまあります。311ページの表を参照してください。

このほかにもまだたくさんあり、民間型か公共型か、また介護付きかどうかなどでもさらに分かれます。

サ高住は自由度が高く、比較的廉価なものも多く、昨今注目されています。高級なもの、超廉価なもの、いろいろな特徴を持ったものが建設されています。法律で義務づけられているのは、バリアフリー構造、一定以上の居室占有面積、日中の担当者常駐（安否確認と生活相談サービス）のみですが、ほとんどの物件が食事も提供しています。

介護付き有料老人ホームと異なり、介護職員が24時間常駐しているわけではなく、外部の訪問介護事業者などと契約して在宅介護サービスを受ける形式が主です。ただ、なかには特定施設の指定を受け、介護付有料老人ホームと同様、一定介護料金の介護サービスを提供するところもあります。

実際問題としてサ高住の約4割は訪問介護事業所を併設しており、要介護の高齢者も多く生活しています。

賃貸なので気に入らなければ容易に退去でき、介護や生活支援サービス選びが自由にできる反面、介護サービスを上手に選択しないと、かえって割高になってしまいます。賢い選択の手助けをすることが、親の、ひいてはあなたの幸せに大いに影響します。

サ高住に関しては特に毎月の基本サービス料は何を含むか、連携する訪問介護、在宅介護の実態について詳しく聞いてトータルでサービスとその費用を知る必要があります。

特別養護老人ホーム（特養）は費用面からはいいのですが、待機者数が多いという報道がされています。

65歳以上で要介護3以上の人が対象で介護者が倒れたなど緊急度が高い人の入居が優先されるようです。

すぐおむつをさせられたり、拘束型の施設に入ると自己主張がなくなり、ひいては活気がなくなると言われています。おむつは、撃退キャンペーンがはられるほどで、シニアの人格に及ぼす影響はとても大きいのです。どの種類の施設であれ、方針をあらかじめチェックしておくことが大切です。

高齢者施設としてはこの他認知症の高齢者が少人数で暮らすグループホームがありま

す。所得が少ない場合には軽減制度のあるケアハウスも選択肢となるでしょう。

また老健といわれる、入院後在宅復帰を目指した老人保健施設もあり、ここには医師が常駐しています。

選択に際しての注意事項

有料老人ホーム、サ高住などの高齢者施設の選考にあたっては、**数多くの候補物件を実際に見学する、気に入ったものは体験入居する**ことが大切です。もちろん有料老人ホームには「介護付き」「住宅型」「健康型」などの区分があるのでその中で自分のニーズに合ったものを検討し、まずは見学します。その場に行けば雰囲気を感じることができます。第一印象が大切です。介護をしている人、されている人の表情はどうでしょう？　スタッフは挨拶をしてくれましたか？　食事も大切です。試食して食堂の雰囲気を感じ取るようにします。
認知症高齢者の扱いはどうですか？　うたい文句と現状に違いがありますか？（24時間医師常駐など）
うまく適合できなかった場合どうするか、次善の策も考えておくべきで、ただちにすべ

主な施設の種類と費用・入居の目安

名称	特徴	要介護度	月額利用料
特別養護老人ホーム	介護保険で入居できる施設、低コストのため人気が高く、待機者が多数いるところも。看取り対応まで行うところが増えている	要介護3以上	5～15万円
老人保健施設(老健)	入院治療を終えて退院後、在宅療養をめざすことを目的に、特養の入居待機場所として利用しているケースも多い。入居期間は原則3か月	要介護1以上	6～17万円
介護療養型医療施設(療養病床)	急性期の治療が終わり、長期の療養が必要な場合に入居する。病院に併設されているところが多い ＊2024年3月末までに他施設に転換、廃止	要介護1以上	6～17万円
介護医療院	介護療養型医療施設の転換先として、2018年度に創設された。医療ケアが必要で長期療養となる要介護者が対象	要支援1以上	6～17万円
介護付き有料老人ホーム	施設職員がサービスを提供する民間施設。料金が高めのところが多い【特定施設】	要介護1以上	10～40万円
サービス付き高齢者住宅(サ高住)	施設職員がサービスを提供する民間施設。介護付き有料老人ホームよりも料金がやや安いところも【特定施設】	要支援1以上	12～25万円
グループホーム	認知症の高齢者向けの民間施設。自宅のような家庭的な環境のもと、少人数で暮らす	要支援2以上	12～18万円
ケアハウス	福祉施設。「特定施設」の認定があれば、サービス内容は特養・他の特定施設(有料老人ホーム・サ高住)との大きな違いはない【特定施設】	要支援1以上	10～30万円
小規模多機能型居宅介護施設(小規模多機能)	自宅に住みながら施設への「通い」と、利用者の自宅を訪れる「訪問」、必要に応じて「宿泊」の3つのサービスを受けられる。介護保険の地域密着型サービス	要支援1以上	介護度に応じて定額。例:要介護3で約2万5000円(食費・宿泊費別)
住宅型有料老人ホーム	食事のサービスや家事支援、レクリエーションなどのサービスが受けられるところが多い。価格帯の幅は広い。介護サービスは別途契約	自立～中度	10～40万円＋介護費
サービス付き高齢者向け住宅(サ高住)	安否確認と生活相談サービスを受けられる。オプションで食事や家事支援のサービスを受けられるところも。介護サービスは別途契約	自立～中度	8～20万円＋介護費
ケアハウス	身の回りのことはできるが、家事など在宅での生活が困難な人向けの福祉施設。比較的低コスト。介護サービスは別途契約	自立～中度	8～20万円＋介護費

出典：太田差恵子『親が倒れた！親の入院・介護ですぐやる筝・考えること・お金のこと　第二版』(翔泳社、172～3ページ)※一部編集

てを売り払って入居するというのは考えものです。

元気なうちに住み替えをすれば、余裕があるし、選択の余地があります。次の住み家を見つけ、引っ越しをする力が残っています。適応力があるうちにアクションを起こしてもらうよう説得しましょう。

施設の選択にあたっては仲介会社のお世話になるとしても、**まずは自力で高齢者施設の実態を調べ、いくつか見学することをお勧めします。**

〈選択の際のチェックポイント〉（主に介護付き老人ホームについて）

- 入居金、毎月必要な費用、およびその根拠
- 夜間を含めた介護体制に無理はないか
- 職員の定着性（スタッフの勤続年数）
- 診療所がどのくらい近くにあるか、緊密な連携がとれているか
- 介護室に移されるには、家族や身元引受人の同意を要件としているか
- 入居一時金の返還制度（90日ルールという返金制度がある）および算定根拠
- 入居率

●運営母体の経営状態
●イベントの豊富さ
●入居者同士が円満か
●入居者とスタッフの関係は良好か
●ひきこもりや部屋から出られなくなった人への対応
●退去者の現状（途中退所者の人数とその理由など）
●看取りのやり方

■高齢者施設情報源
●シニアライフ情報センター
●介護情報館
●サービス付き高齢者向け住宅情報システム
●公益財団法人全国有料老人ホーム協会

二世帯住宅を建てる場合

高齢者施設ではなく自宅での生活を考える場合、二世帯住宅を建てて子ども世帯と同居というオプションもあります。

二世帯住宅を建てて同居しようという場合、土地は親、家は子のローンをお考えでしたら、諸般の事情で同居できなくなったときどうするかを考えて設計すべきです。**台所も含めみんな別々の独立型二世帯住宅に仕上げておけば、貸しやすく、その家賃をローン支払いに回せます。**そうでないと、子は新しい住まいの家賃とローンの両方を負担しなくてはならなくなります。

以前は、内部でつながっていない二世帯住宅は、相続時の大幅評価減特例（相続税を課す自宅の土地の評価額を最大80％まで減額する相続時の小規模宅地等の特例）の適用外だったのですが、2013年度の税法改正で2014年1月1日よりは「同居要件」が緩和され、大丈夫になりました。

□ Check!

89 最期の迎え方を親と話し合っておく

まだ元気な親にこんなことは聞けないと思っていませんか？　でも、実は誰もが考えておかなければならない点なのです。

あなただって明日事故に遭わないとも限らず、親が脳卒中で意識不明になるかもしれません。

「脳死状態です、臓器の提供はどうされますか」と聞かれて何と答えたらいいでしょう。「気管切開していいですか」と聞く医者に答える重責を、突如担わされるのです。

親の終末期医療について、どこまで治療をするのか、臓器を提供するのかなど親は書き遺していますか？　それをあなたや親の主治医は承知していますか？

家族に迷惑をかけたくないので終末期を短くしたい、という気持ちが過度に強い場合もあるので、本音ベースで話し合いましょう。

大切なのはその人らしい最期を迎えるということではないでしょうか。これは葬儀や供養のやり方についても言えることです。

□ Check!

90

終末期医療について決める

日本尊厳死協会の「リビング・ウィル」、終末期を考える市民の会発行の「終末期宣言書」などを参考に終末期の治療や臓器提供、病気の告知を望むかなどについてあらかじめ考えておきましょう。

● 心肺蘇生を希望するか、人工呼吸器の装着は?
● 鼻チューブによる栄養補給をしたいか? 胃ろうは?
● 病名の告知、余命の告知を希望するかどうか
● 痛みや苦痛をとる緩和療法として、たとえそのため命が短くなったとしても麻薬、鎮

痛剤を積極的に使用してほしいかどうかどうか

●臓器提供についての意思（運転免許書お裏面にも記載欄あり）

これらのことは、家族、主治医に伝えておかなければ、事故や急病の場合本人の意思が実行されれません。

私たち兄弟は父、母、両方とも自宅で看取りました。両親を看取った25〜35年前は自宅でも看取りは10％くらいでしたでしょうか？　高齢でしたので積極的治療も行いませんでした。兄弟が多く、家族に医者が多かったからこそ可能だったのですが、当時としては勇気のいる決断でした。

酸素ボンベをはじめ、あらゆる場合を想定して準備していたのですが、死後の処置までは頭が回らず、私が知り合いの婦長さんに電話して聞くなど慌てました。

「安らかに死ぬ権利」に共鳴して、尊厳死協会の会員になり、リビング・ウィルに署名するとしましょう。

でも、搬送先の病院にそれが知らされなければ、延命治療が施され、一度つけた生命維持装置を外すのは医師法上とても難しいのです。殺人罪に問われかねません。

本人の意思を知らされ、それを尊重した医師が延命措置をしない場合ですら、時に感情的になった家族に「お前が殺したんだぞ」となじられることさえあるのです。

そうした事態を防ぐ意味でも**本人の意思のみならず、家族が本人の意思を承知し同意している書類を残しておきたいですね**。本人が人生で何を大切にしているか書き遺しておき、それを家族や医師と共有しておきましょう。

Check!

91

葬儀に関する希望を聞いておく

葬儀のやり方についても、いずれ問題となるかもしれません。それとなく親の希望をヒアリングしておきましょう。

どの宗教でとり行うのか、規模、遺影、音楽、誰に通知するか、誰に弔辞を読んでもらうか。特に職業についていない女性で、近くに住んでいる家族がいない場合は誰に弔辞を読んでもらうか、誰に訃報を知らせるのかなど、選択に困るようです。

しかし、**昨今は近親者だけで直接火葬場へ運んで見送る「直葬」が急増**しており、「家族だけ」の希望も増えているのでそうした心配はないかもしれません。

以前から葬儀費用の不透明さは問題となっていました。遺族は見積りを他社と比較などしている余裕などなく、また「ケチるのもどうかな」という気持ちがあり、「葬儀社の言うがまま」でした。

結果、日本の葬式費用の平均額は2017年でも195万円と高いようです。もっともこの数字に対しては現場感覚とは合わないという批判も出ました。

そのような市場に異業種が参入してきました。イオンが2009年にこの分野に参入。現在、全国600の葬儀社と提携し葬儀サービス事業を展開。棺、骨壷、位牌の代金や祭壇設営費、僧侶紹介、戒名料などの単価をすべて明らかにし、費用の透明化を図る試みとされています。「小さなお葬式」という対抗馬も出ています。

とはいえ**葬儀そのものが変化してきている**ように思えます。

昨今出席した葬儀はいずれも家族中心の非常に簡素なものでした。交際が広い方も同様で別途思い出の会を催すなど、時代の流れを感じさせられました。

■葬儀に関する情報源

●葬儀相談センター

●「いい葬儀」——葬儀社・斎場・火葬場のポータルサイト。地域や葬儀の形態、参列者数などを入力

すると見積りが送られてくる

●「いい仏壇」――仏壇・仏具関連情報提供

●「いいお墓」――霊園・墓石関連情報提供

□ Check!

92

お墓をどうするか検討する

50代の知人たちと話していても墓のことはよく話題にのぼります。たとえば

- 子がいない、あるいは海外に出たままなので無縁仏になる心配がある
- 自分の住宅費にも困っているのになんでお墓に費用をかけるの？
- 遠方にある墓は遠くて行けないので、近くに移したい（改葬）
- 先祖の墓とは宗教が異なるのでどうしよう

親の希望を聞いておきましょう。改葬するとしても事務的に煩雑でお金もかかるので慎重にことを運ぶ必要があります。また、**現存の墓がある場合も将来誰が引き継ぐか家族で**

めないように。**相談し、遺言に明記しておいてもらったほうがいい**でしょう。管理費の支払いなど後でも

自分で墓をつくるのなら、なるべく宗教色のないほうが将来はいいかもしれません。子孫は外国人かもしれませんし、どの宗教の人かわかりませんから。

子どもがいない場合、無縁墓になる心配があり、昨今は**永代供養墓**が注目されています。横浜にある外国人墓地には打ち捨てられた墓が多く横たわっており、つくづく考えさせられたものでした。

近ごろ屋内墓所（ビル型納骨堂）の宣伝をよく目にします。お寺が経営している所、宗派を問わないところ、ロッカー形式、合葬式もあれば墓碑が芸術的なスペースに収められているところなどさまざまです。近所ですぐお参りにいけるのもメリットですが、料金面でもお手頃感があります。

永代供養にすれば料金は上がりますが、永代供養のやり方も条件もさまざまです。

女性専用の納骨堂もあります。おひとり様だけでなく絶対に夫とは同じ墓に入りたくないという希望もあれば、ペットと一緒に埋葬されたいという希望もあります。手元供養も注目されています。

墓に埋葬するのではなく、海・樹木の下に散骨してもらいたい（海洋葬、樹木葬）、はたまた宇宙葬（このビジネスを手掛けられている方とお話ししました）など、まさにダイバーシティ、さまざまな希望があるようですが、法律もからんでくるので調査が必要です。

老人施設同様、親から墓の話が出たら調査を申し出、一緒に何カ所か同行しましょう。樹木葬とうたいながら、まだ木が満足に生えていないところだってあります。完納したつもりの永代供養墓に毎月の管理費が必要と判明するなど、イメージとはかけ離れた現状をつきつけられることになるかもしれませんよ。現地に赴いてしっかり確かめておく必要があります。

□ Check!

93
相続対策を考える

税制改正によって2015年1月1日からは基礎控除の減少その他で、**相続納税の対象となる人が大幅に増えています。**改正後は配偶者と子ども二人のモデルケースでは遺産が4800万円を超えると相続税が発生するのです。

あなたはどうでしょうか？　税理士にチェックしてもらうことをお勧めします。裁判所の調停になるケースは相続税がかからない額の遺産でももめるのだそうです。司法統計（平成27年度）によると、遺産分割裁判でもっとも多い遺産額は5000万円以下が76％（そのうち1000万円以下が32％）だそうです。

「財産を早く分けてくれ」と要求する筋合いのものではないと思いますが、親が子への相続を考えているのなら、**節税できるものはすべき**で、それには早い段階から算段したほうがいいでしょう。相続税対策は時間をかけてやらないと無理が生じるからです。また節税のための要件を熟知していなければなりません。

たとえば、前述の**小規模宅地等の特例**（一定の条件を満たす場合最大80％評価減になる）の利用の可能性は、同居要件の緩和、対象となる平米数の増加、親が老人ホームに入っていてもこの制度が使えるようになった（ただし「介護が必要なため入居したこと」などの条件あり）ことからも相続対策として是非頭に入れておきましょう。

もっとも、この種の要件はよく変わるので、うまくやったつもりが「なあーんだ、変わったんだ」ということにならないよう、ときどき専門家に確認しましょう。

可能なら税理士などを入れた相続チームをつくりましょう。祖父母、親、子、三世代を考えた資産防衛のアドバイスをお願いしたいものです。両親がまだ健在の場合、どちらが先に亡くなるかでシナリオが異なってくるなど、いろいろ複雑な問題がありますので、第三者を交えるほうがうまくいくでしょう。

ちなみに**平成30年に民法の改正があり、相続法も変わりました。**施行は令和元年7月1日からのものもあれば、令和2年になるものもあります。税理士にチェックしてください（95の「生前贈与」も参照のこと）。

そして高齢化の問題があります。資産を所有したまま認知症になったらどうなるでしょうか？　昨今注目されている家族信託も考慮にいれましょう。

Check!

94 信託の知識も持つ

生前に信託を設定し、死後も含め設定者の意思通りに財産が分配され使われるための手段として、いろいろなケースでの信託の有用性が考えられます。

相続の仕組みとして欧米で最もよく使われているのが信託です。日本でも昨今、信託に関する法整備が整ってきてはいるものの、スタートは2006年の法改正とまだ歴史が浅く、実例は限られていますが、今後の展開は大いに期待できると思います。

どんなケースに使われてきたかといえば、障害者を含めて資産運用能力がないケースには歴史がありますが、昨今は資産（土地を含め）の所有者の認知症へのリスクヘッジ（自分の判断能力が落ちた場合の売却を含めた財産管理）、事業の後継者を現段階では決められない場合、後継者死亡時、次に誰に後を引き継いでほしいか指定したい、相続人以外に資産を残したいなどのニーズに対して有効とされます。

特に注目されているのが**家族信託**ですが、家族信託契約を締結することによって資産の所有者は資産の「権利」と「名義」を分離し受託者（たとえば資産の管理を託された家族）に名義を移転させます。それにより、たとえ資産の所有者が認知症になった場合でも、受託者の家族が財産の円滑な管理を行うことができるのです。

この際、信託監督人をおくことで財産を管理する受託者の暴走を防ぐことも、また資産の所有者の意志を反映させることもより確実になります。

認知症を患う資産家が増える折、資産をどう管理していくかが大きな社会問題です。高齢のファミリービジネスのオーナーが認知症にどう対応するのか？「家族信託」というチョイスは考慮に値します。

信託銀行へのニーズにも底堅いものがあります。相続でもめそうな場合、遺言はじめ相続に関する事務手続き、資産管理など皆目見当がつかない場合は初めから信託銀行のサービスを利用するのも一つの方法です。経費はかかりますし、やってくれることには限界がありますが、利用は増えているようです。

□ Check!

95 生前贈与を始める

昨今の傾向は相続より生前贈与です。しかも、資産を持っている人から、子のみならず、孫にまで受け取り手を広げる傾向にあります。

毎年110万円までは誰にだろうと税金はかからず、家族全員に贈与できますので、非常に使い勝手がいいです。

ただし、実際に贈与されたとみなされない場合もあり（贈与には双方の同意が必要なので）、証拠を残すためにもより多くの金額を贈与して贈与税を払うべきかどうかなど、具体的な贈与の方法は税理士に相談したほうが確かです。成人した子からの毎月の生活費の支払いを子名義で貯金して、結婚時に渡す親もいます。

さらに特別措置法として子や孫一人当たり1500万円までの教育資金提供なら非課税になります。別途同様に1000万円を上限とする結婚・子育て資金の一括贈与非課税措置制度もあります。

具体的には、親や祖父母が子や孫のために教育資金を信託するかたちをとります。ただし、目的に縛りがあること、事務作業が必要なこと、使い残せば贈与税の対象になるなど、詳しく調べる必要があります。一般論として通常の教育資金提供は無税です。

また**相続時精算課税制度**で、「60歳以上の父母・祖父母から」20歳以上の子への贈与であれば、2500万円まで贈与税の課税を相続時まで繰り延べられます。

住宅取得資金について親や祖父母からもらう場合は、時限立法により特別な非課税制度が利用できます。

生前贈与を行う場合でも子どもに対してではなく、孫に対して行えば、たとえ3年以内に被相続人が死亡したとしても3年内贈与の加算はありません。

☐ Check!

96 相続のポイントを押さえておく

相続に関しては一般的に以下のようなポイントを押さえておくことが大切です。

- 現有資産を把握し、相続税対策が必要かどうかあらかじめ検討する。資産が余りそうな場合は誰に何を相続させるか決めておく。
- オーナー企業の場合など、後継者一人に相続額が偏る場合は、あらかじめ全員の同意をとりつけるか、税理士と協議してなるべく公平な形にもっていく仕組みをつくることが大切。
- 遺留分以下の分配だともめる種となる。
- 生前、ある特定の子だけに特別な出費をした場合の考慮（特別受益）、介護や資産形成で誰かに特別に世話になったこと（寄与分）への配慮が大切。

●人間の心理として、してもらったことは忘れがちで、してあげたことは過大評価しがちになることを全員が頭に入れておく。

●海外に不動産などの資産を所有している場合は相続の手続きが大変になる。国際弁護士に相談して、あらかじめ信託に入れるなどの措置をとるべきかどうか相談する。

令和の動き

平成30年7月の民法改正で配偶者居住権により、土地建物の所有権は、配偶者以外の子どもなどが相続し、配偶者には、居住権を取得することができるようになりました（施行日は令和2年4月1日です）。居住権は、土地建物の評価より小さくなるので、配偶者の相続分の中で土地建物の割合を下げることができます。その分、現預金などを相続できるので、老後の生活資金に余裕ができるようになります。

また介護などで貢献した相続人以外の親族が一定の要件のもとで、相続人に対し金銭の支払いを請求することができるようになりました（施行日は令和元年7月1日です）。

□ Check!

97

遺言と遺書を準備する

日本では、被相続人で「自筆遺言証書」を書く人の割合は1・3%。平成30年の民法改正により自筆証書遺言の方式が見直され、自筆遺言書の本文は自筆ですが財産の明細（財産目録）をワープロで作成して、その紙に署名押印して作成することができるようになりました（施行日は平成31年1月13日）。また令和2年7月10日からは遺言書を全国区の法務局に預けられるようになり、これで形式不備の問題を防ぐことができ、家裁の検認が不要になります。

とはいえ現状では、公正証書遺言を含めても遺言を書かない人が9割というのが現場感覚だそうです。しかし有効な遺言があり、その通りに相続するのであれば、**遺産分割協議**

書は不要となり、相続がスムーズになるのです。

内縁の妻や長男の嫁、その他特定の人に遺産を残したいのであれば、その人たちを受遺者とする**遺言書が必要**となります。

公正証書遺言を公証人役場で作成してもらえば、相続開始時に家庭裁判所の検認もいりません。ただ、遺言通り実行されることを確かなものにするために**遺言執行人**を特定することが推奨されます。

遺言の**「付記事項」**でなぜそのように分けたか記すことは効果があります。そして、何より大切なのが、**心の遺言、家族への感謝を加えてメッセージを伝えることです。**

遺書をしたためるという形式でもいいですね。遺言と違い、遺書には法的拘束力はありませんが、それでも親の気持ちは尊重したいと思うでしょうから、やはり効果はあるのです。

遺産の処分に関して、「自分の会社はぜひ守ってほしい」とか、「不動産は可能な限り売却しないでほしい」「絶対に相続で兄弟が仲違いしないように」など書き残しておく人もいます。

「遺産を残すかどうかは親の意向次第」という点を踏まえた上で、「どうしたらいいか」苦慮している親の相談相手になりましょう。

□ Check!

98

エンディングノートを書いてもらう

第2章の**資産**のことに関して、また本章の**終末期医療も含め、すべてエンディングノートにまとめて**おいてもらいます。もうそういう状況でないなら、ヒアリングをした上で子が書き入れてもいいでしょう。

自身の希望を人生の終末期に備えて書き留めておくエンディングノート。市販のものでも、無料でダウンロードできるものでもいいでしょう。私は、無料でダウンロードできるものを参考に、自分でつくるのがいいと思います。必要のない項目もありますから。

エンディングノートは今後遺族がやるべきことを知る上でも便利です。とりあえずは親の分の作成を手伝いましょう。

法的拘束力を持つものではなく、あくまで希望です。悪用される場合もあるので、**暗証番号などは載せないほうがいい**と思います。また、事情が変わったり、気が変わったりしますから、鉛筆かパソコンで書いて、修正できるようにしましょう。

遺品の整理、形見分けについても、こだわりがあれば書き遺してもらいます。葬儀について、祭壇、花、流す音楽までこだわる親なら、あらかじめ葬儀社と協議の上それを添付しておいてもらいましょう。**ペットがいるならそのお友達の身の振り方**についても。

エンディングノートにはまた別の意味もあります。**自分自身を振り返る**という側面です。あなた自身、今までの自分を振り返って、ノートをつくったらどうでしょう？　30代から書き始めるエンディングノートの需要もあるそうです。『Never Ending Note～未来に残すエンディングノート』（集英社）のように、心に残る言葉などをイラストや写真と一緒に記入できるものだってあります。自治体の中にはエンディングノートを無料で配布しているところもあります。それだけニーズが高いということでしょう。

親に、エンディングノートだけでなく、自叙伝的なもの、回想録を残してもらったらどうでしょう。過去の時間をもう一度生きてもらうことができます。そうすることで初めて自分との和解ができる人もいるでしょう。

作家の柳田邦男氏は、

「死は終わりではない。個人の生物学的な生命は、確かに死で終わる。だが、精神的な活動をするいのちは、死後もなお、生活・人生を共有した家族や親しかった人々の心の中で生き続ける。そういう形で次を生きる世代に継承されていく」

といった趣旨のことを述べています。

代々受け継がれる命のバトン。それを強く意識したとき、安らかさが生まれるのではないでしょうか。

アメリカン・インディアンは穏やかな死を迎えるそうです。**家族への強い帰属意識が、人類、動物、大自然への帰属意識とつながり、死の恐怖が消える、とアメリカン・インディアンの死生観**について書かれた本にありました。

□ Check!

99

家族文化を伝えていく

私は40年来、**家族文化の継承**を提唱しています。先祖からＤＮＡを受け継いだ身としては、家族や先祖の考え、エピソード、しきたりなどを伝えていく義務があると思うのです。親がしっかりしているうちに、親のこと、祖父母のこと、家のことを聞いておきましょう。また自分の経験や信念も含め、次世代に伝えるノートをつくり始めてください。

私は欧米資産家の子弟教育の研究を通じ、**どういう家族が代々続くのか研究してきました。答えは「語り伝えがしっかりしている家」**のように思えます。ＤＮＡの受け継ぎと家族文化の継承はセットなのです。

私自身、祖父母のエピソードを書き残しています。また**子どもひとりひとりの為だけの本**を書きました。長男に関しては彼を主人公にしたひと夏の記録を夫のスケッチとともに手作り本にしました。次男の場合は母子手帳から始まり、写真や幼稚園のとき描いた絵などもいれて、小学2年生のときに交わしたお小遣い契約などを入れて、家族のしきたり、育児方針もしたためました。作ったのは3冊だけです。

第5章のまとめ

- □親の言葉の背後にある気持ちに配慮する
- □シニア情報をゲットして親の役に立つことが、ゆくゆくは自分を助ける
- □親が倒れた場合どうするか家族全員で話し合っておく
- □高齢になっても「意欲」や「自分の意思」を持つことがキーポイント
- □親に対して過保護は禁物
- □医療保険や介護保険で利用できることを熟知する
- □日本の現在の制度下では医療・介護費の過度の心配は不要
- □後見制度や見守り制度を調べてだましにあわないよう算段をたてる
- □絆や安心ネットワークの構築が保険の役割を果たす
- □終末期医療、臓器提供についての親の希望を主治医・家族皆で共有する

□信託の知識を持とう

□遺言を残すのは重要だが、さらに重要なのが心の遺言を残すこと

□親や先祖から受け継ぐのはＤＮＡだけではない。家族文化も継承する

□ Check!

100

人生後半の羅針盤を手に入れる

ここまで一緒に考えてきた「50代にしておくべき99のリスト」ですが、これをもとにして100歳まで、いえ120歳まで豊かな人生を送るための羅針盤を手に入れてください。この本ははるか前に50代を突破してしまった私自身にも、今後の羅針盤を手に入れるだけでなく、「**明日死んでも悔いない**」と思える自分に近づけるために役立つと思っています。

本書は皆さん、そして私自身のために書いた本です。この100のリストを身につけることができれば、私たちはよりイキイキとした人生を送ることができるでしょう。かつ100のリストが日本で制度としても構築されたなら、シニア大国日本が文字通り「シニアのお手本大国日本」となり、シニア産業の開発にも弾みがつくでしょう。

もう一度この本を読み返してみて、一体自分はどんな人生を送ろうとしているのか、具体的にどういう方針で臨むのか、できるだけ詳しく書き出してみてください。そんな作業を定期的にしていただきたいのです。

たとえあなたが起業しないとしても、転職しないとしても、子どもがいないとしても、すでに親が他界しているとしても、項目すべてであなたの生活に応用がきくのです。その奥にある精神に注目してください。

あなたの目的地はどこでしょうか？　それをしっかり把握することから始まるのです。でも、時に漂流し、それを楽しむ、それもまた人生の姿かもしれませんね。

何はともあれ、とことん人生を考え、最後まで努力を忘れず、骨身を惜しまず、「ああ、いい人生だった」とつぶやいて死にたいものだと思っています。

私は高校生のときに自分の人生で3つのことをやろうと決意して、そう日記にも書きました。1960年（昭和35年）のことだったと思います。大層な目標というほどのものではなく、（1）一生働いて自分の生活は自分で支えていく、（2）子どもを育てて自分が知っていることはすべてを伝える、（3）一生に一冊でいいから本を書いて出版する、でした。

当時の女性（少なくとも私のまわりの）は結婚するまでは仕事をしてもいいが、結婚したら辞める、遅くても子どもができたら辞めるという雰囲気でした。ですから「一生誰にも頼らず自分のお金で食べて行く」は、当時の私としては思い切った決断のつもりでした。

実際、出産時は別としてずっと仕事は続けてきました。気が多いせいか仕事もダイバーシティに富み、外国特派員の助手、同時通訳者、企業買収、ヘッジファンドや国際投資のアドバイス、大学の客員教授と目まぐるしく変えました。

医療関係のプロジェクトを多く手がけたので「健康問題」に関心を持ち、「どう生きたらいいか」という問題、「老後の問題」そして仕事でもある「資産の問題」を個人的に追究してきましたし、いずれも著作にまとめました。ロータリークラブに約30年在籍し奉仕活動に時間も割きました。大学ではそれらを統括したような「サクセスライフ論」の講座を受け持ちました。

いつも忙しくて、多少は物知りになったような気もしますが、「私自身ずっとこれでいいのかな」という気もしていました。目標設定は大事ですが、日々の心持ちとしてはもっと余裕を持って構えたいと思うようになりました。特に最近強くそう感じていました。

そうした折、今年の6月カナダにいる友人に誘われてなんともユニークなグループと旅に出ました。ほとんどが皆初めての人たちです。ロシアのサンクトペテルブルクを中心に、プライベートな28人での旅行でした。

出身国がなんと16か国にもまたがり、年齢も10代か70代後半まで。この旅で「なんとかなるさ！」と生きている人たちに出会い、つくづく面白いなあと思いました。私にとっての大発見です。

レストランに集合するときも、スペイン人などのラテン系の人たちは1時間くらい実に堂々と遅れてニコニコして入ってきます。6月末の暑いロシアなのに「私、冬服だけ持ってきたの。着れるのはこのTシャツ一枚だけだから毎晩洗っているの」と、確かになんとかなっているようでした。

ピアノを弾いて皆を楽しませてくれたかと思うと、行儀の悪いタクシーの運転手に「ヨーロッパ人を侮るな」とぶちかまして（ロシアもヨーロッパだと思うのですが……）、タクシー料金を踏み倒し、乗ったこともない地下鉄に乗ってレストランにたどり着いたときは真っ赤な顔でした（なにせ25度の気温の中で冬スーツを着こんでいましたから）。

中国系アメリカ人は「時差の関係で朝2時には起きてしまい4時まで散歩するんだ、気持ちいいぞ！」。ドイツ人はよどみ切った川にドプンと飛び込んでひと泳ぎ。私には思いもよらない行動ばかりでしたが、皆無事なんとかなっていました。マダガスカルからの女性は霊気の修行にスイスまで行っているとのことで、この破天荒なグループもその霊気で守られていたのかもしれません。

私たち日本人はとかく真面目で勤勉、一生懸命になりすぎる気質です。私もその典型です。目標を立て、大枠を決め、知識を得たら、あとは日々の心の持ち方としては「なんとかなるさ」精神を発揮して、その時々を愉快に過ごしたいと思っている次第です。

2019年8月

榊原節子

50代にしておくべき100のリスト〔令和版〕

発行日　2019年8月30日　第1刷
2020年1月15日　第2刷

Author　榊原節子
Photographer　白川由紀／アフロ
Book Designer　tobufune

Publication　株式会社ディスカヴァー・トゥエンティワン
〒102-0093 東京都千代田区平河町2-16-1 平河町森タワー11F
TEL　03-3237-8321（代表）
FAX　03-3237-8323
http://www.d21.co.jp

Publisher　谷口奈緒美
Editor　藤田浩芳　松石悠

Publishing Company　蛯原昇　千葉正幸　梅本翔太　古矢薫　青木翔平　岩﨑麻衣　大竹朝子　小木曽礼丈　小田孝文　小山怜那　川島理　木下智尋　越野志絵良　佐竹祐哉　佐藤淳基　佐藤昌幸　直林実咲　橋本莉奈　原典宏　廣内悠理　三角真穂　宮田有利子　渡辺基志　井澤徳子　俵敬子　藤井かおり　藤井多穂子　町田加奈子　丸山香織

Digital Commerce Company　谷口奈緒美　飯田智樹　安永智洋　大山聡子　岡本典子　早水真吾　磯部隆　伊東佑真　倉田華　榊原僚　佐々木玲奈　佐藤サラ圭　庄司知世　杉田彰子　高橋雛乃　辰巳佳衣　谷中卓　中島俊平　西川なつか　野﨑竜海　野中保奈美　林拓馬　林秀樹　牧野類　三谷祐一　三輪真也　安永姫菜　中澤泰宏　王廰　倉次みのり　滝口景太郎

Business Solution Company　蛯原昇　志摩晃司　瀧俊樹

Business Platform Group　大星多聞　小関勝則　堀部直人　小田木もも　斎藤悠人　山中麻吏　福田章平　伊藤香　葛目美枝子　鈴木洋子　畑野衣見

Company Design Group　松原史与志　井筒浩　井上竜之介　岡村浩明　奥田千晶　田中亜紀　福永友紀　山田諭志　池田望　石光まゆ子　石橋佐知子　川本寛子　宮崎陽子

Proofreader　文字工房燦光
DTP　株式会社RUHIA
Printing　大日本印刷株式会社

ISBN 978-4-7993-2552-0